100 x Leipzig
Tausend Jahre Geschichte

100 x LEIPZIG

Tausend Jahre Geschichte

MICHAEL IMHOF VERLAG

Umschlagabbildung: Innungszeichen der Leipziger Goldschmiede, um 1450 (Nr. 16)

© für die Werke von Frank Ruddigkeit, Klaus Schwabe und Rolf Kuhrt bei VG Bild-Kunst, Bonn 2015

© für die Werke von Gerhard Behrendt, Peter Eisenman (eisenmanarchitects, New York), Sighard Gille, Gottfried Haupt, Günter Rössler bei den Künstlern bzw. deren Rechtsnachfolgern

© 2015
Stadtgeschichtliches Museum Leipzig und Michael Imhof Verlag, Petersberg
Michael Imhof Verlag GmbH & Co. KG
Stettiner Straße 25
D-36100 Petersberg
Tel.: 0661 2919166-0; Fax: 0661 2919166-9
info@imhof-verlag.de; www.imhof-verlag.com

Herausgeber: Dr. Volker Rodekamp
Direktor des Stadtgeschichtlichen Museums Leipzig
Einrichtung der Stadt Leipzig

Redaktion: Kerstin Sieblist, Christine Becker, Ann-Kathrin Reichenbach
Fotos: PUNCTUM/Bertram Kober
Gestaltung und Reproduktion: Anja Schneidenbach, Michael Imhof Verlag
Lektorat: Karin Kreuzpaintner, Michael Imhof Verlag
Druck: Offizin Andersen Nexö Leipzig GmbH

Printed in EU

ISBN 978-3-7319-0159-4

INHALT

Vorwort ... 8

11.–13. Jahrhundert

1. Scherben der Erkenntnis. Slawische Gefäßkeramik ... 12
2. Heilende Ringe. Thebalring ... 14
3. Topfschlagen mit Folgen. Brakteaten ... 16
4. Frühe Markenpiraterie. Sogenanntes Ulfberhtschwert ... 18
5. Reine Hände, volle Taschen. Hanseschale ... 20
6. Die Pforte von Wahren. Kirchentür ... 22
7. Volle Kanne. Dunkle Irdenware ... 24
8. Es werde Stadt! Abdruck des Leipziger Stadtsiegels ... 26
9. Drachen in der Thomaskirche. Thomas-Leuchter ... 28

14./15. Jahrhundert

10. So weit die Schuhe tragen. Schuh ... 32
11. Aus der Schatzkammer des Wissens. Schreibgriffel ... 34
12. Mord im Gotteshaus. Haarlocke von Dietrich dem Jüngeren, genannt Diezmann ... 36
13. Das Geheimnis des Bechers. Zinnbecher ... 38
14. Hopp, hopp, hopp, Pferdchen lauf Galopp. Reiterfigur ... 40
15. Tränen lügen nicht. Trauernde Maria ... 42
16. Viel Gold, viel Ehr'. Innungszeichen der Leipziger Goldschmiede ... 44
17. Alles, was Recht ist. Sachsenspiegel ... 46
18. Schiri, wir wissen wo Dein Pferd steht. Deutsches Stechzeug aus dem Leipziger Zeughaus ... 48
19. Schwarze Kunst. Glosa sup[er] Apocalipsim ... 50
20. Praktisch, gut und günstig. Daubenschüssel ... 52
21. Höllenangst und helle Köpfe. Fries mit dornengekröntem Christuskopf ... 54
22. Heilige im Gepäck. Pilgerzeichen ... 56

16. Jahrhundert

23. Ritter, Reiter und Rapiere. Ringpanzerhemd ... 60
24. Die Frau an seiner Seite. Ehering der Katharina von Bora ... 62
25. Kaiserlicher Waffenschmied. Maximiliansharnisch ... 64
26. Stadtluft macht frei. Connewitzer Kreuz ... 66
27. Geld auf einen Schlag. Belagerungsklippen und Prägestock ... 68
28. In höchster Not. Leipziger Stadtansicht ... 70
29. Totenhemd und Spendierhose. Testament des Heinrich Scherl ... 72
30. Heißer Ofen. Ofenkachel/Eckkachel ... 74
31. Aus dem Schneider. Kartenspiel ... 76
32. Pfeifen von oben. Pfeiferstuhl ... 78
33. Himmelsleiter und Teufelswerk. Spottbild auf die Calvinisten ... 80
34. Säulenheiliger. Kanzel aus der alten Johanniskirche ... 82
35. Standhaft. Aktenschrank ... 84

17./18. Jahrhundert

36. Auf Treu und Glauben. Eidbibel des Leipziger Rates — 88
37. Wie die Kannibalen nach Leipzig kamen. Erdglobus — 90
38. Maria hilf! Abendmahlskelch, sogenannter Leipziger Pestkelch — 92
39. Christ und Held. Sargbeschläge und Grabbeigaben für Erik Klarson Slang — 94
40. Milde Gaben. Sammelbüchse — 96
41. Pantha rhei – alles fließt. Röhrwasserplan — 98
42. Gewogen und für zu leicht befunden? Normalgewichtssatz — 100
43. Nicht ehrbar, aber auskömmlich. Leipziger Richtschwert — 102
44. Über Geld spricht man nicht, man macht es. Probierwaage und Probiergewichtssatz — 104
45. Schöne Aussichten. Westvorstadt mit Apels Garten — 106
46. Leipziger Mund-Art. Leipziger Koch-Buch — 108
47. Der wahre Bach. Bach-Porträt — 110
48. À la Française. Damenkleid — 112
49. Student mit Talent. Kupferstichplatte — 114
50. Zecher-Almanach. Stammbuch des Ludwig August Heym — 116
51. Räuberpistole, Aberglaube, Sensation? Der Rattenkönig von Lindenau — 118
52. Als das Taxi laufen lernte. Sänfte — 120
53. Betuchtes Buch. Stoffmusterbuch — 122
54. Friedrichs fescher Wind. Faltfächer — 124

19. Jahrhundert

55. Musée en miniature. Die Gemäldesammlung Carl Gottfried Wincklers — 128
56. Am Pult der Zeit. Dirigentenpult aus dem Alten Gewandhaus — 130
57. Dauerbackware mit Hintergrund. Brötchen — 132
58. Wer schießt den Vogel ab? Stechvogel — 134
59. Kaffee mit Aussicht. Meissener Kaffeeservice mit Leipziger Stadtansichten — 136
60. Modell auf Reisen. Stadtmodell — 138
61. Mendelssohn privat. Möbel von Felix Mendelssohn Bartholdy — 140
62. Blick in die Zukunft. Eisenbahnbrille — 142
63. Auf die Barrikaden! Uniformrock der Leipziger Kommunalgarde des Friedrich Alexander Gontard — 144
64. Gewagt. Daguerreotypie mit erotischer Szene — 146
65. „Die Männer sind alle Verbrecher". Sogenannter Verbrechertisch — 148
66. Dampf in allen Gassen. Teil einer Dampfmaschine — 150
67. Liebesgabe. Kompositionsklavier von Richard Wagner — 152
68. Zwei Groschen für ein Stück Weltliteratur. Faust. Eine Tragödie — 154
69. Edelweiß und Weltfrieden. Proletarischer Haussegen mit Porträtfoto von Ferdinand Lassalle — 156
70. Kopfgeburt. Schnittmodell von Johann Sebastian Bachs Schädel — 158

20./21. Jahrhundert

71.	Der Gläserne Schatz. Reichsgericht	162
72.	Wächter der Tore. Mesusa vom Torpfosten der liberalen Hauptsynagoge	164
73.	Allerfeinster Souchong von der Pleiße. Teedose	166
74.	Noten für alle. „Lyrische Stücke" für Klavier, Edvard Grieg	168
75.	Weg mit der Krone. Sächsische Fahne	170
76.	Kickender Adler. Trikotemblem der deutschen Fußball-Nationalmannschaft	172
77.	Ausgezeichnet. Siegespalme des Belgischen Turnbundes	174
78.	Güldene Würde. Amtskette des Leipziger Stadtverordnetenvorstehers	176
79.	Ein Wollwerk für den Frieden. Ehrenteppich für die Leipziger Weltkriegssoldaten	178
80.	Wer soll das bezahlen, wer hat so viel Geld? Inflationskleid	180
81.	Messefieber. Die Petersstraße in Leipzig zur Messe	182
82.	„Hallo, hallo – hier ist Leipzig". Selbst gebautes Radio	184
83.	Hinter Gittern. Zellentür aus der Leipziger Untersuchungshaftanstalt	186
84.	Als die Zeit stehen blieb. Taschenuhr	188
85.	Ein Stück Heimat. Koffer von Hedwig Burgheim	190
86.	Mörderisch. Panzerfaust	192
87.	Geschmack der Republik. Werbeplakat	194
88.	Täves Rennmaschine. Straßenrennrad von Gustav-Adolf Schur	196
89.	Leipziger von Welt. Messemännchen	198
90.	Prost Leipzig! Bierflasche „Pilsner Spezial"	200
91.	Matrosenkleidung für das Kirchenschiff. Thomanerbluse	202
92.	Der magische Blick. Fotografie „Renate"	204
93.	Wilder Osten. Erste Schallplatte der Klaus Renft Combo	206
94.	Karl gegen Kirche. Modell zum Relief „Aufbruch"	208
95.	Augenmusik. Orchester. Entwurf 1:9 zum Deckengemälde im Leipziger Gewandhaus	210
96.	Macht hoch die Tür. Schild „Nikolaikirche offen für alle"	212
97.	Hoch, höher, Olympia! Modell Olympiapark für die Olympischen Spiele Leipzig 2012	214
98.	Durchbruch. Rollenmeißel	216
99.	Schwarz und bunt. Stiefel	218
100.	Made in Leipzig! Modell 1:64 BMW i3	220

Autoren 222

VORWORT

Kann man die Geschichte einer Stadt anhand von Dingen erzählen? Ja, man kann! Leipzig, die moderne Bürgerstadt mit heute wieder mehr als einer halben Million Einwohnern, wurde vor tausend Jahren erstmals schriftlich erwähnt. Zumeist sind es Schriftquellen, anhand derer die verschiedenen Epochen, Zäsuren und Geschehnisse im Lauf der Zeit festgehalten werden. Diese fügen sich schließlich zu einem feststehenden Kanon historischer Ereignisse und großer Namen, die am Ende Geschichte schreiben.

Das vorliegende Buch begibt sich auf eine unterhaltsame Zeitreise entlang musealer Dinge: Hundert Museumsobjekte aus den Sammlungen des Stadtgeschichtlichen Museums erzählen die Geschichte unserer Stadt vom 11. Jahrhundert bis in die Gegenwart. So kündet beispielsweise ein Silberschatz von einem florierenden Markt des Mittelalters, eine Schutzbrille vom Aufbruch ins Mobilitätszeitalter oder eine stehen gebliebene Uhr vom Trauma des Krieges im 20. Jahrhundert.

Geschichte mit Dingen zu erzählen ist das klassische Prinzip des Museums. Neil MacGregor, der Direktor des British Museum, fand 2010 mit seinem Buchprojekt „A history of the world in 100 objects" weltweite Beachtung. Seine Weltgeschichte der hundert Dinge war ebenso einfach wie überzeugend. Diese Idee regte uns an, auch die tausendjährige Geschichte Leipzigs anhand von hundert Objekten zu erzählen, gewissermaßen eine „Stadtgeschichte in 3-D".

Aus den Sammlungen unseres Museums wählten die Mitarbeiterinnen und Mitarbeiter ihre Lieblinge aus, allesamt besondere Objekte, an denen Geschichte „klebt". Unsere Leitidee dabei war, Leipziger Stadtgeschichte nicht umfassend, dafür aber in ihrer Vielfalt zu spiegeln. So ist eine andere Erzählung über Politik-, Wirtschafts-, Sozial-, und Kulturgeschichte entstanden, die nicht nur die bekannten Highlights ins Zentrum rückt, sondern auch jene, die in den Museumsmagazinen schlummern.

Die vorgestellten hundert Dinge sind lediglich eine kleine Auswahl aus der großen musealen Sammlung. Dass dabei nicht alle wichtigen historischen Ereignisse und relevanten Persönlichkeiten berücksichtigt werden konnten, liegt auf der Hand. Vielmehr war es unsere Absicht, Objekte zum Leben zu erwecken, sie berichten zu lassen von ihrem Werden und Sein und ihrer Rolle und Bedeutung, die sie für den jeweiligen historischen Augenblick innehatten; manchmal veranschaulichen sie aber auch die Mühen der Forschung, um ihre Geschichte wiederzuentdecken. So erzählen sie von Frauen und Männern, die Leipziger Stadtgeschichte geschrieben haben, aber auch von den Namenlosen unserer Stadt. Besonders interessierte uns die Biografie der Dinge: ihre großen Momente, die packend, schicksalhaft, emotional und manchmal sogar dramatisch waren.

Darin freilich liegt das Besondere dieses Buches, das wir als Gemeinschaftswerk der Kolleginnen und Kollegen des Stadtgeschichtlichen Museums verstehen. Gemeinsam wurden die Dinge gründlich unter die Lupe genommen, Exponatgeschichten hinterfragt und Überlieferungen nachgespürt. Zuweilen war dies ein langwieriger und mühevoller Weg, am Ende aber standen auch für uns zahlreiche neue Erkenntnisse über die Sammlungen unseres Hauses. Die großen und die kleinen Linien der tausendjährigen Geschichte Leipzigs finden im Buch zusammen, Geschichte wird für den Leser konkret, anschaulich und verständlich. In der Summe bezeugen die vorgestellten Dinge die Entwicklung Leipzigs in vielschichtiger und wechselvoller Weise: von der Stadtwerdung über die Rolle der selbstbewussten Messe- und Kulturstadt und den großen gesellschaftlichen Veränderungen im Zeitalter der Industrialisierung bis zu den politischen Auseinandersetzungen des 19. und 20. Jahrhunderts. Dabei spannen die vorgestellten Objekte einen erzählerischen Bogen über großartige wie tragische Momente.

Von Anfang an sollte das vorliegende Buch auch ein „Buch der Bilder" sein, das Stadtgeschichte auf unterhaltsame und zugleich optisch attraktive Weise vermittelt. Aus diesem Grund wurden die ausgewählten Objekte durch zeitgemäße Fotografie in Szene gesetzt, denn sie sind die „Helden" der Erzählung. Dem Leipziger Fotografen Bertram Kober ist es gelungen, ihnen Strahlkraft zu verleihen. Aura und Kontext zusammen sollten unserem Anspruch gerecht werden, Geschichten zu erzählen, die Geschichte erzählen. So ist ein anregendes Kaleidoskop aus elf Jahrhunderten entstanden, das mit Keramikscherben beginnt und mit einem Modell des in Leipzig produzierten Elektroautos BMW i3 endet; ein Buch für alle, die Leipzig lieben, aber auch für jene, die schon alles über unsere Stadt zu wissen glauben.

Zum Abschluss danke ich dem Michael Imhof Verlag für sein verlegerisches Engagement, diesen publizistischen Weg mit uns gemeinsam zu wagen. In gleicher Weise danke ich Bertram Kober für seinen „magischen Blick", mit dem er die Objekte ins rechte Licht rückt. Besonders ist Kerstin Sieblist zu danken, die das Buchprojekt von der Idee bis zur Realisierung mit großem Engagement vorangetrieben hat. Mein herzlicher Dank gilt dem gesamten Autoren- und Redaktionsteam unseres Hauses. Ich freue mich, mit dieser Publikation einen besonderen Beitrag des Stadtgeschichtlichen Museums zu unserem tausendjährigen Stadtjubiläum vorlegen zu können, und wünsche den Leserinnen und Lesern eine unterhaltsame Reise durch die Welt der hundert Dinge.

Dr. Volker Rodekamp

11.–13. JAHRHUNDERT

1 SCHERBEN DER ERKENNTNIS
Slawische Gefäßkeramik, 11. Jahrhundert

Leipzigs Anfänge liegen im wahrsten Sinne des Wortes im Dunkeln. Lange bevor Leipzig das erste Mal schriftlich erwähnt wird, gehörte die Gegend aufgrund ihrer günstigen naturräumlichen Bedingungen zu den begehrten und deshalb dauernd besiedelten Regionen Mitteldeutschlands. Darüber schweigen zwar die Archivalien, nicht aber die unterschiedlichen Fundstücke, die neun Jahrhunderte später aus der Tiefe des Leipziger Stadtraumes bei archäologischen Grabungen gefunden wurden.

Die Funde zur Frühgeschichte der Stadt verdanken wir zwei Enthusiasten der Stadtgeschichtsforschung: Der Leipziger Rauchwarenhändler Max Näbe rettete zu Beginn des 20. Jahrhunderts archäologische Funde von den Baustellen der Stadt. Der Archäologe Herbert Küas trug mit seinen gezielten Grabungen Mitte des 20. Jahrhunderts wesentlich zur Erhellung Leipziger Frühgeschichte bei und prägt unser Bild von den Ursprüngen Leipzigs bis heute. Die Gefäßscherben stammen aus seiner legendären Grabung am ehemaligen Matthäikirchhof an der Großen Fleischergasse.

Im Bereich der Hainstraße wurden bei Grabungen immer wieder slawische Gefäßscherben gefunden. Charakteristisch für diese Überbleibsel slawischen Alltags sind der markant herausgearbeitete und gebogene Gefäßrand sowie das Wellenornament zur Zierde der Töpfe. Der Raum Leipzig wurde seit dem 8. Jahrhundert dauerhaft von Slawen besiedelt. Zeugen dieser Sesshaftigkeit sind zum Beispiel die vielen slawischen Orts- und Gewässernamen. Weitere Belege sind zahlreiche Alltagsrelikte, zwei datierte Holzbrunnen aus dem Süden Leipzigs und zwei Siedlungsplätze in den Bereichen des heutigen Petersbogen sowie unweit der Großen Fleischergasse. Alle Funde befinden sich in enger Nachbarschaft zu Gefäßen, die ihrer Machart nach eindeutig in die Zeit der deutschen Besiedlung gehören. Seit wann die slawische und die deutsche Bevölkerung nebeneinander lebten, kann nicht genau ermittelt werden. Mit Beginn des 11. Jahrhunderts dürfen wir von beiden Ethnien ausgehen.

Im siebten Buch der Chronik Bischof Thietmars von Merseburg für das Jahr 1015 heißt es: „Dann erkrankte der wackere Bischof Eid, der eben mit großen Geschenken aus Polen zurückgekehrt war, und gab am 20. Dezember in der Burg Leipzig Christus seine treue Seele zurück."

In einer der wichtigsten mitteldeutschen Quellen wird Leipzig erstmals schriftlich genannt – „in urbe Libzi vocata". „Urbs" steht hier für eine Burg mit einem befestigten Ort. Die Bewohner dürften slawischer und deutscher Herkunft gewesen sein. Thietmar erwähnt zwar den Ort, sagt aber nichts zu dessen Größe und Aussehen. Erste Aufschlüsse hierüber lieferten die archäologischen Funde aus den Grabungen von Herbert Küas. Auf der Grundlage seiner Ergebnisse erstellte Küas Zeichnungen, wie die „urbs Libzi" ausgesehen haben könnte.

Dank der modernen Stadtkernarchäologie wissen wir heute, dass die „urbs Libzi" nicht nur den Bereich umfasste, den Küas „ergraben" hatte, sondern wesentlich größer war. Die Spur der Scherben beweist eine durch einen Graben und einen Wall nach Osten abgeriegelte Siedlung mit einem Ausmaß von vier Fußballfeldern. Im 12. Jahrhundert musste die Burg dem Franziskanerkloster weichen, aus dem später die Matthäikirche hervorging.

2 | HEILENDE RINGE
Thebalring, 12. Jahrhundert

Dieser Ring wurde von dem Hobby-Archäologen und Sammler Max Näbe als eines der frühesten Zeichen des Christentums in der Leipziger Region bezeichnet.

Kein monumentales Kunst- oder Bauwerk, sondern ein bescheidener Silberring mit einer rätselhaften und bis heute nicht endgültig gedeuteten Inschrift als Zeichen der Christianisierung im 12. Jahrhundert? „TH BAL GUT GUTTANI" ist zu entziffern, wahrscheinlich herzuleiten aus dem Aramäischen, was in etwa bedeutet „Du magst bringen gutes Los, gutes Los für mich." Was soll daran christlich sein? Im Gegenteil, eine solche Formel klingt eher magisch und beschwörend, als stamme sie aus einer heidnischen Vorstellungswelt.

Der Ring, der im frühen 20. Jahrhundert in der Nähe von Zwenkau im Leipziger Süden beim Pflügen gefunden wurde, ist bei Weitem kein Einzelstück. Rund dreißig solcher Ringe wurden bisher in ganz Westeuropa gefunden, oft als Grabbeigaben hochgestellter Persönlichkeiten. Der prominenteste Bestattete war der 1137 verstorbene deutsche Kaiser Lothar, in seinem Fall war der Ring aus Gold. Wegen der Anfangsbuchstaben der Inschrift heißen sie Thebalringe.

Als deutliches Zeichen des Christentums ergänzt bei den meisten dieser Ringe ein Kreuz die Buchstaben. Folgt man den Forschern auf ihren verschlungenen Pfaden durch die alten Sprachen und durch die Archive, so kann man entdecken, dass dieser Segensspruch sich immer wieder in klösterlichen Schriften zur Heilkunde findet. In verschiedenen Varianten sollte er gegen Gicht und Schlaganfälle helfen.

Der Gedanke an heidnische Bräuche in Mitteldeutschland ist so weit hergeholt aber nicht. Die hier lebenden Sorben ließen sich nur langsam vom Christentum überzeugen. Beim Landesausbau unter den Ottonen-Herrschern spielte die Christianisierung der Bevölkerung, die Gründung von Kirchen und Bischofssitzen eine wesentliche Rolle. Man nimmt an, dass um 1000 die slawische Bevölkerung allgemein die Taufe angenommen hatte. Dennoch gab es lange Zeit Vorbehalte gegen die neue Religion; Sprachschwierigkeiten, Ablehnung der jeweiligen Herrschaft oder auch eine zu geringe Anzahl an Kirchen und Pfarrern mögen Gründe dafür gewesen sein. Alte und neue Rituale existierten lange nebeneinander.

Erst 1004 wurde beispielsweise ein Heiliger Hain bei Schkeitbar (heute Stadtteil von Markranstädt im Landkreis Leipzig) beseitigt: Der Merseburger Bischof ließ die Bäume fällen und daraus eine Kirche an derselben Stelle bauen.

3 TOPFSCHLAGEN MIT FOLGEN
Brakteaten, 12. Jahrhundert

Über hundert Jahre ist es her, dass Arbeiter bei Ausschachtungsarbeiten in der Leipziger Gerberstraße auf einen alten Tontopf stießen, der eine ungewöhnliche Füllung aufwies. Die Arbeiter hielten den Inhalt für Stanniolverschlüsse alter Weinflaschen. Sie maßen dem keine weitere Bedeutung zu und zerschlugen den Topf. In dieser Zeit machte der Leipziger Max Näbe regelmäßige Spaziergänge zu den Baustellen der Stadt, um nach ungewöhnlichen Funden im Boden zu fragen. Er hatte die Sicherung und Sammlung frühzeitlicher archäologischer Funde zu seiner Passion gemacht. Der Weg führte ihn auch in die Gerberstraße. Näbe erkannte, dass sich nicht Stanniol, sondern Silber im Topf befunden hatte, und rettete 94 von ursprünglich etwa tausend mittelalterlichen Münzen aus dem Abfall. Er übergab sie wenig später dem Stadtgeschichtlichen Museum Leipzig.

Mittelalterliche Münzen mit einseitiger Prägung auf hauchdünnem Gold- oder Silberblech werden als Brakteaten bezeichnet, abgeleitet vom lateinischen Wort bractea – dünnes Metallblättchen. Die meisten Brakteaten aus der Gerberstraße zeigen eine sitzende und bekrönte Figur mit verschiedenen Attributen wie Reichsapfel oder Lilienzepter in den Händen, was auf kaiserliche oder königliche Münzorte verweist. Auf zwei Stücken ist Kaiser Friedrich Barbarossa als Münzherr in der Umschrift genannt. Brakteaten mit einem Krückenkreuz im Münzbild stammen aus dem ältesten Kloster Sachsens, dem Benediktinerkloster Pegau. In der Umschrift der Münzen wird auf die Namen der Münzherren verwiesen, die amtierenden Äbte. Auch ein Brakteat des Naumburger Bischofs Berthold diente seinerzeit als Zahlungsmittel im sich etablierenden Leipziger Markttreiben. Als kirchlicher Würdenträger wird er mit seinen Amtsinsignien dargestellt: mit einem Krumm- und einem Kreuzstab. Ein meißnischer Brakteat ergänzt die Herkunftsvielfalt dieses Fundes. Der Münztopf muss um 1216 vergraben worden sein. Möglicherweise wurde er während des Bürgeraufstandes gegen Markgraf Dietrich den Bedrängten versteckt. Dieses Geheimnis hat sein Besitzer mit in sein Grab genommen.

Besonders in der Regierungszeit Kaiser Friedrich Barbarossas entstanden Brakteaten, die sich durch eine außerordentliche künstlerische Qualität auszeichnen. Sie waren nicht nur Zahlungsmittel, sondern sie sind auch kleine Kunstwerke der Spätromanik. Aus dieser Zeit stammen auch die ersten Münzen Leipziger Prägung. Der Wettiner Markgraf Otto der Reiche, der durch die Freiberger Silberfunde zu seinem Beinamen kam, förderte den Aufstieg Leipzigs zur Stadt. Viele der von ihm erteilten städtischen Freiheiten und Rechte mündeten schließlich im Leipziger Stadtbrief. Darüber hinaus ließ er fünf unterschiedliche Münztypen in Leipzig prägen. Leipzig war neben Freiberg der einzige Münzort des Wettiners, der sich auf Leipziger Münzen auch als Markgraf von Leipzig bezeichnete. Otto unterstrich damit seinen Anspruch als Stadtherr und seine Verbundenheit zur heranwachsenden Handelsmetropole. Eine solche Münze allerdings fehlt im verbliebenen Fund.

4 | FRÜHE MARKENPIRATERIE
Sogenanntes Ulfberhtschwert, 12. Jahrhundert

Bei den Bauarbeiten für das Kohlekraftwerk 2 in Espenhain im Jahr 1942 gab der Boden einen ungewöhnlichen Fund frei: ein stark korrodiertes Schwert. Ursprünglich war diese Waffe einen Meter lang und mit einer Damaszener Klinge versehen. Diese herausragende Art der Schmiedekunst ist mehr als zweitausend Jahre alt und bescherte den Messern und Schwertern ob der Härte und Schärfe ihrer kunstvoll geschmiedeten Klingen weltweiten Ruhm. Heute ist das Schwert insgesamt nur noch knapp siebzig Zentimeter lang.

Der Schwertfeger schmiedete hierbei an einen Mittelstreifen beidseitig gedreht Stahlstreifen und arbeitete sie so aus, dass der charakteristische Winkeldamast entstand. In die fertig geschmiedete Klinge ritzte der Schmied die Konturen der Buchstaben und legte in diese entsprechend zugeschnittene Eisenstreifen, die er bei hohen Temperaturen durch Hämmern einschweißte.

Auf der Klinge sind die Worte „ULFBERHT" und „IN NOMINE DOMINI" (im Namen des Herrn) eingraviert. Ulfberht ist der Name eines fränkischen Schwertfegers, der zu Zeiten der Karolinger besonders qualitätvolle Waffen herstellte und dessen Name noch Jahrhunderte später mit besonders hochwertigen Waffen verbunden war, also der Steinway unter den Schwertern. Waffen dieser Handelsmarke tauchen vom 8. bis zum 11. Jahrhundert im gesamten europäischen Raum, vor allem in Skandinavien, auf. Im 9. Jahrhundert begannen die Wikinger, ihre Waffen von miserabler Qualität nach und nach durch diese herausragenden Klingen zu ersetzen und so ihre Schlagkraft zu verbessern. Der Namenszug Ulfberht war Markenzeichen, garantierte Spitzenqualität und flößte dem Gegner Angst ein.

Die Kombination aus Namen und christlichem Weihespruch ist singulär. Vieles spricht dafür, dass dieses Schwert zu der großen Gruppe der kopierten Ulfberht-Schwerter gehört, die in Europa weite Verbreitung fanden, oft mit Schreibfehlern im Markenzeichen oder beidseitig graviert. Moderne Uhren- und Taschenimitate entsprechen den mängelbehafteten Ulfberhtkopien des Frühmittelalters.

Wie und warum das Schwert den Weg in den Boden des Leipziger Großraums fand, ist unbekannt. Es ist jedoch naheliegend, dass es aus der spannungsreichen Zeit Wiprechts von Groitzsch um 1100 stammt. Die Chronisten stellen ihn als großartigen Fürsten und hartgesottenen Kämpfer dar. Wiprecht ist Vorreiter des großen Landesausbaus zwischen Saale und Neiße. Er holte fränkische Bauern zur Besiedlung früheren Waldlandes nach Mitteldeutschland. In dieser Zeit beginnt die schrittweise Entwicklung Leipzigs zur Stadt. In ihrem Umkreis bauten Kunden und zukünftige Kunden der Leipziger Handwerker und Händler ihr neues Zuhause und belieferten die Stadt mit Nahrungsmitteln. Dörfer wurden erweitert oder neu angelegt und über feste Wege miteinander verbunden, manche später wieder verlassen.

Wem dieses Schwert das Leben rettete oder nahm, bleibt offen. Es ist Zeugnis einer Zeit, als aus der „urbs Libzi" die spätere Messestadt Leipzig zu wachsen begann.

5 REINE HÄNDE, VOLLE TASCHEN
Hanseschale, 12. Jahrhundert

Metall war teuer und daher immer ein Symbol gehobener Lebensart. In mittelalterlicher Zeit gehörten dazu gravierte Bronzeschalen mit einer vielschichtigen Bildersprache. Wegen ihres hohen Vorkommens im Ostseeraum wurden sie Hanseschalen genannt, obwohl sie sonst mit dem Städtebündnis wenig verband. Seit dem 12. Jahrhundert tauchten sie in weiten Teilen Europas auf. Nur wenige Werkstätten im Baltikum, im Mittelrheingebiet und in Mitteldeutschland beherrschten die Kunst der getriebenen Bronzeschalen.

Gleichnisse der Tugenden und der Laster zierten ursprünglich diese Schalen. Erläuternde Inschriften verstärkten die sichtlich erzieherische Absicht. Hanseschalen wurden bei ritualisierten Handwaschungen vor dem Essen, bei der Begrüßung des Gastes, vor Gerichtsverhandlungen und möglicherweise bei Tisch genutzt. Reingewaschen wurde nicht nur vom Staub der Straße, sondern auch von moralischem Schmutz.

Im späten 12. Jahrhundert verwischte das eindeutige Bildprogramm. Aus den aufeinander abgestimmten Figuren wurden schlichte Engel. Eine solche Schale fanden Bauarbeiter zu Beginn des 20. Jahrhunderts in Leipzig an der Westseite des Brühls. Sie zeigt eine mit einfacher Strichführung gezeichnete Figur in breit wallendem Gewand. Über den Schultern werden Flügel angedeutet. Heute kaum noch erkennbar, wiederholt sich dieses Motiv drei Mal am Rand der Schale. Die bei anderen Schalen oft vorhandenen Worte pädagogischer Ermahnung fehlen hier. Die Schale wurde demnach vermutlich erst um 1200 als Handelsware nach Leipzig gebracht.

Das Aufeinandertreffen der Handelsstraßen Via regia und Via imperii brachte Leipzig schon im 11. Jahrhundert in die Schlüsselposition des Handels mit dem gesamten europäischen Raum. Für die Mitte des 12. Jahrhunderts wissen wir sicher, dass regelmäßig Jahrmärkte in Leipzig abgehalten wurden. Sie wurden per Gesetz geschützt, indem im Umkreis der Stadt keine weiteren Märkte stattfinden durften. Die Straßen, die Märkte, die Handelswaren, die umtriebigen Kaufleute – der Grundstein für Leipzigs Aufstieg zur Handelsmetropole war frühzeitig gelegt.

Im Bereich des Fundortes der Schale dürfen wir die Häuser der Leipziger Kaufleute vermuten – jener Leipziger Bürgerschaft also, welche das gehobene städtische Milieu präsentierte. Die namentliche Ersterwähnung von Kaufleuten aus Leipzig findet sich in einer Urkunde Markgraf Dietrichs von Meißen für das Kloster Altzelle aus dem Jahr 1218. Darin werden Godefridus und Ripertus als „mercatores [Kaufleute] de Lipz" bezeichnet.

Welcher Leipziger Kaufmann sich in der Schale demonstrativ die Hände wusch, um seinen Gästen die Tugend der Sauberkeit sowie seine höhere Bildung zur Schau zu stellen, wissen wir nicht. Häuserverzeichnisse gibt es erst seit dem 15. Jahrhundert. Da hatten die Hanseschalen längst ausgedient.

6 | DIE PFORTE VON WAHREN
Kirchentür, Kirche Leipzig-Wahren, um 1200

Ein für Mitteldeutschland einmaliges Zeugnis der Romanik ist die mit schmiedeeisernen Beschlägen verstärkte massive Holztür aus der Kirche von Leipzig-Wahren. Die „Deutsche Gesellschaft zur Erforschung vaterländischer Sprache und Alterthümer" kaufte sie der Kirchgemeinde im 19. Jahrhundert ab und machte sie zu einem Museumsstück.

Die Gnadenkirche im nördlichen Leipziger Stadtteil geht auf das 12. Jahrhundert zurück, aus dieser Zeit stammt auch die Tür. Wahren war damals der Adelssitz der einflussreichen edelfreien Herren von Wahren. Was die Tür so einzigartig macht, ist der verschlüsselte christliche Symbolgehalt der Beschläge, der sich heutigen Betrachtern nur schwer erschließt.

Wir verdanken es dem Leipziger Kirchenhistoriker Gerhard Graf, auf diese Besonderheiten aufmerksam gemacht zu haben. Ihm ist die Erschließung vieler, bislang wenig bekannter Zeugnisse des Mittelalters aus der Leipziger Region ein großes Anliegen. Er hat die Bildmotive der Tür analysiert, die sich zu einer eindrucksvollen Gesamtaussage vereinen. Im Mittelfeld der Tür deutlich zu erkennen ist die Darstellung eines kämpfenden Mannes, er kämpft gegen ein Schwein. Das Tier selbst ist leider nicht erhalten, aber noch als Abdruck im Holz links des Mannes zu erahnen. Auch der Jagdspieß des Mannes ging verloren. Mit der Eberjagd sind wir bereits mitten in den Verweisen auf die Bibel und deren Deutungen. In Psalm 80 ist von einem Eber die Rede, der den Weinberg Gottes zerwühlt, dies wird in der christlichen Auslegungsgeschichte als metaphorische Darstellung des Teufels verstanden, der die Kirche zerstören will.

Ebenfalls um die Bekämpfung des allgegenwärtigen Bösen geht es bei den anderen Beschlägen. Wer sich gegen das Böse nicht wehrt, wird schließlich Opfer des Teufels und in die Hölle geschleppt, dargestellt durch züngelnde lanzenförmige Flammen im unteren Bereich der Tür, ein Ort, aus dem es kein Entrinnen gibt. Die einzig mögliche Rettung zeigt dagegen ein zwölfblättriger Lebensbaum im oberen Feld, flankiert von zwei kleineren Bäumen als dem Holz des Lebens (Offenbarung des Johannes, Kapitel 22). Das sind Bilder aus dem Himmlischen Jerusalem, die von Gottes Rettungswillen zeugen.

Hoffnung für den Kirchenbesucher verheißt auch die umlaufende Palmettenkante auf der Tür. Als Bildmotiv des wiederkehrenden Paradieses versinnbildlicht sie, dass hinter der sich öffnenden Pforte Gott mit seiner vergebenden Gnade auf den wartet, der ihn um Hilfe bittet.

Es haben sich in Sachsen eine Reihe schmiedeeiserner Beschläge auf Kirchentüren des Mittelalters erhalten, sie alle zeugen vom hohen Stand des kunsthandwerklichen Könnens dieser Zeit. Keiner jedoch vermittelt eine so intensive Begegnung mit den Denkhorizonten des mittelalterlichen Menschen wie der Beschlag der Wahrener Tür.

7 VOLLE KANNE
Dunkle Irdenware, um 1200

Keramik in jeglicher Form und jeglichem Erhaltungszustand gehört zu den häufigsten Überbleibseln vergangener Epochen. Sie zerbricht, aber sie hinterlässt Spuren, ist quasi allgegenwärtig. Brennarten, Formen, Farben, Verzierungen der Gefäße spiegeln technische Fähigkeiten und Zeitgeschmack. Deshalb ist Keramik heute ein wichtiger Schlüssel zur Datierung von Siedlungsspuren, ein Schlüssel in die Vergangenheit. Es sind zumeist Gefäße und Gefäßreste, die bei archäologischen Grabungen zutage treten. Spielzeug, Leuchter, Ofenkacheln ergänzen das tönerne Potpourri. Das liegt auch daran, dass sich gebrannter Ton in der Erde im Unterschied zu Holz, Leder, Metall oder Papier nahezu unzerstört erhält.

Das Leipziger Töpferhandwerk hatte in einer Zeit, als Metall noch sehr teuer und Plastik noch nicht erfunden war, alle Hände voll zu tun. Die millionenfach überlieferte Keramik bezeugt vor allem im Spätmittelalter und in der Frühen Neuzeit ein hochspezialisiertes und leistungsfähiges Handwerk. Keramik wurde immer gebraucht. Gefäße wie Grapentöpfe und Tiegel zum Kochen und Backen, Geschirr zum Essen und Trinken sowie zur Vorratshaltung waren zu allen Zeiten im Haushalt vertreten.

Unsere Vorratskanne erfreute sich im mittelalterlichen Leipzig lange einer intensiven Nutzung. Starke Rußspuren und Inhaltsreste in der Kanne bezeugen das. Der Boden der Kanne ist soweit abgerieben, dass die kreuzförmige Bodenmarke einer Töpferscheibe nur noch als unscheinbarer Abdruck erkennbar ist. Jahrelang wurde sie von Hand zu Hand gereicht, gefüllt und geleert.

Die Töpfer gehörten zu den Handwerkern der ersten Stunde im mittelalterlichen Leipzig, auch wenn ihre Innung erst für das Jahr 1453 belegt ist. Sie mussten außerhalb der Stadtmauern arbeiten, um der Feuergefahr vorzubeugen, die beim Brennen des Tons im Ofen entstehen kann. Nicht jede Werkstatt besaß einen eigenen Ofen, Brennöfen wurden gemeinschaftlich genutzt. Grabungen ließen die Töpferstuben auf dem Augustusplatz und dem Leuschnerplatz sichtbar werden. Zum Töpfern braucht es Ton, guten Ton. Für Leipzig lieferten die Gruben am Thonberg, der heute noch als Stadtteilname erhalten ist, das Material für zunächst blaugraues, später malhornverziertes, bleiglasiertes oder mehrfarbig gebranntes Geschirr. Die Palette an Formen, Farben und Überzügen wuchs mit jedem Jahrhundert.

Die imposanteste Form der Überlieferung eines Konvoluts aus Keramik ist die Latrine. Bis in die Neuzeit hinein waren Latrinen auch Abfallgruben. Beschädigte oder ausgediente Keramik wurde mit anderen Abfällen darin entsorgt und hat sich dadurch an manch stillem Örtchen in großer Fülle und teilweise unzerstört erhalten. Bei Grabungen in Leipzig konnten Latrinen auf dem Matthäikirchhof, in der Ritterstraße und in Oelsners Hof geborgen werden. Diese anrüchigen Orte lüfteten in der Forschung einige Geheimnisse Leipziger Alltagskultur, vor allem hinsichtlich Tischkultur, Ernährung und Spielen.

8 | ES WERDE STADT!
Abdruck des Leipziger Stadtsiegels, 1287

Es ist nicht in Gold und Diamanten gefasst, sondern nur aus Wachs und dennoch von unschätzbarem Wert für den Werdegang Leipzigs zur Stadt: das Stadtsiegel. Es wird erstmals an einer Urkunde des Leipziger Rates für das Georgenkloster aus dem Jahr 1287 überliefert und heute in zwei Ausfertigungen im Leipziger Stadtarchiv aufbewahrt. Der Siegelstempel selbst, der Typar, ist älter und nicht mehr erhalten.

Das Siegel ist nicht ästhetischer Selbstzweck, sondern repräsentiert das stolze Ansinnen des Siegelinhabers. Es diente vor allem zum Beglaubigen von Urkunden. Im Bildmittelpunkt steht eine architektonisch anspruchsvolle Kirche. Lilien bekrönen die Turmdächer und ragen in die Siegelumschrift hinein: „SIGILLVM BVRGENSIVM DE LIPZK" – Siegel der Bürger von Leipzig. Die Leipziger haben im Siegelbild die Pfarrkirche verewigen lassen, die seit dem 13. Jahrhundert ihre Leipziger Bürgerkirche ist: die Nikolaikirche. Sie wird innerhalb einer Stadtbefestigung gezeigt, die den Vordergrund des Siegelbildes beherrscht, erkennbar an der aufwendigen Torkonstruktion mit Fallgitter im Torbogen. Im überregionalen Vergleich gehört das Siegel zu den künstlerisch bedeutenden Stadtsiegeln des 13. Jahrhunderts. Es ist zweifellos das Werk eines begabten Siegelstechers.

Der Wert des Siegels liegt vor allem in seiner Botschaft. Bislang lagen Gericht und Verwaltung der Stadt noch in den Händen der Wettiner und ihrer Amtmänner, den Vögten. Im 12. Jahrhundert ließen die Leipziger ihre städtischen Freiheiten und Rechte von Markgraf Otto dem Reichen im Leipziger Stadtbrief festschreiben und begannen mit dem Ausbau der Stadt. Die Einwohner wuchsen zu einer Bürgergemeinde zusammen, die ihre inneren Angelegenheiten zunehmend selbst verwaltete. Ein wichtiger Meilenstein auf dem langen Weg zu einer eigenständig verwalteten Kommune war das Siegel. Als legitimierendes Moment von Rechtsgeschäften spiegelt es den Stolz der Leipziger Bürgerschaft auf ihre Stadt und offenbart den Anspruch, über Wohl und Wehe der Stadt allein zu bestimmen. Dafür traten regelmäßig zwölf Vertreter der Bürgerschaft zusammen, die seit 1263 auch selbst Gericht halten durften.

1270 wurden jene zwölf Ratsmannen erstmals erwähnt, in einer späteren Urkunde sogar namentlich. Als Vertreter der Leipziger Bürgerschaft wachten sie über die Durchsetzung nahezu aller städtischen Rechte und wahrten gleichzeitig die Interessen der einflussreichsten Kreise der Bürgerschaft. Aus der Vertretung der Bürgerschaft wurde die Herrschaft über diese. Ab 1273 durfte die Stadt ihre eigene Münze prägen, was den Handel weiter beflügelte. Der erste Bürgermeister, Symon Ecstete, ist aus dem Jahr 1292 bekannt. Mit Beginn des 14. Jahrhunderts waren Bürgermeister und Rat zwar alleinige Entscheidungsträger der Stadt, jedoch behielten die wettinischen Stadtherren ein Mitspracherecht bei wichtigen Entscheidungen.

9 DRACHEN IN DER THOMASKIRCHE
Thomas-Leuchter, Ende 12. Jahrhundert

1964 wurde bei Ausgrabungen in der Leipziger Thomaskirche ein kleiner Altarleuchter aus Bronze gefunden. Zusammen mit Keramikscherben steckte er in einem Pfostenloch, das ein Baugerüst des Chorneubaus von 1212 hinterlassen hatte.

Hatte man den Leuchter demnach absichtlich „begraben", möglicherweise weil er beschädigt war? Jedenfalls stellt er zusammen mit wenigen Fundamentresten die einzigen Relikte vom Vorgängerbau der Thomaskirche dar.

Der Thomas-Leuchter, wie er seitdem genannt wird, zählt zu einer großen Gruppe von dreifüßigen Drachenleuchtern aus Bronze, die im gesamten 12. Jahrhundert deutschlandweit verbreitet waren. Leuchter dieser Art fanden ihren Weg sogar nach Skandinavien, besonders viele haben sich bis heute in Westfalen erhalten. Ihre Gestaltung variiert stark, am Leipziger Leuchter sind die Drachen nur mit viel Fantasie zu erkennen: Drei solche Tiere strecken ihre Köpfe zu den drei Ecken des Leuchter-Unterteils, das auf drei klauenartigen Füßen steht. Sie berühren sich mit ihren Flügeln in der Mitte, während die Schwänze nach unten umschlagen und sich mehrfach teilen. Drachen symbolisierten in dieser Zeit die durch Christus besiegten Mächte der Finsternis. Christus gilt als das Licht der Welt, die Lichter auf dem Altar verweisen auf seine Anwesenheit. Die Drachen müssen dem Sohn Gottes bei der Ausbreitung des Lichtes dienen.

Der ungewöhnliche Fundort des Leuchters führt in eine Epoche der frühen Leipziger Kirchengeschichte, in der wichtige Weichen für die weitere kulturelle Entwicklung der Stadt gestellt wurden.

Der Wettiner Markgraf Dietrich von Meißen gründete 1212 ein Augustiner-Chorherrenstift an der bereits bestehenden Stadtpfarrkiche St. Thomas. Damit wollte er unter anderem größeren Einfluss auf die geistlichen Verhältnisse der aufstrebenden Handelsstadt nehmen.

Augustiner-Chorherren (die ersten Leipziger Chorherren kamen aus dem Moritzkloster Halle) waren keine Mönche im strengen Sinne, sondern Geistliche, die nach der Regel des heiligen Augustinus zusammenlebten und die Pflege von Gottesdienst, Stundengebeten, Seelsorge und Chorgesang gewährleisteten. Für sie wurde ein längerer und größerer Chor an das bereits bestehende Kirchengebäude gebaut.

Die Leipziger Bürger sollen anfangs massiv gegen diese Neugründung des Landesherrn und dessen Einflussnahme gewesen sein und sogar Baumaterialien vernichtet haben.

Mit der Stiftsgründung einher ging übrigens die Gründung der Thomasschule und ihres bis heute weltberühmten Knabenchores, der Thomaner, die 2012 ihr achthundertjähriges Bestehen feierten.

14./15. JAHRHUNDERT

14./15. JH.

10 | SO WEIT DIE SCHUHE TRAGEN
Schuh, 14./15. Jahrhundert

Leder – die Tierhaut, die man mehr oder weniger direkt auf der Haut trägt – ruft unterschiedliche Assoziationen hervor: einerseits die zünftige Lederhose als Sinnbild für Ursprünglichkeit, Vergangenheit und Bäuerlichkeit, andererseits die wilde Lederjacke als Symbol für Aufbegehren, Rebellion und „Sex, Drugs and Rock 'n' Roll".

Bereits auf Höhlenmalereien erkennt man Menschen, die sich mit Tierhäuten gegen Kälte, Nässe und Verletzungen schützen. Sicher kann man hier noch nicht von Leder im heutigen Sinn sprechen; es war vielmehr ein willkommenes Nebenprodukt der Jägerei. Doch schon bald suchten die Menschen Methoden, um Tierhäute haltbar und weich zu machen. Dabei verwendeten sie Urin oder Hirn der Tiere.

Der Beruf des Gerbers war zu keiner Zeit geachtet oder beliebt, auch wenn er notwendig und lukrativ war: Die Gerber wurden aufgrund des fürchterlichen Gestanks und der großen Ansteckungsgefahr mit zum Beispiel Milzbrand sozial wie räumlich an den Rand der Gesellschaft gedrängt und zählten somit zu den „unreinen" Berufen. Sie mussten in Vierteln leben, die außerhalb der befestigten Stadtmauern lagen.

Unser Lederschuh aus dem 14. oder 15. Jahrhundert muss aufgrund seiner Größe von nur knapp dreizehn Zentimeter einem Kind gehört haben. Er wurde in der heutigen Jahnallee westlich der Innenstadt gefunden. Ein wichtiges Detail dieses Schuhs, das leider nicht erhalten ist, ist die sogenannte Trippe. Der hölzerne Unterschuh, eine Art Sohle, sollte das wertvolle Leder vor äußeren Einflüssen und den Fuß vor Kälte schützen. Die Straßen und Gassen waren zu dieser Zeit nicht gepflastert und verwandelten sich gerade in der nasskalten Jahreszeit in Schlamm- und Morastfelder – auch die Leipziger Straßen bildeten dabei keine Ausnahme.

Der Fund eines Lederschuhs ist etwas Besonderes, da sich Leder als organischer Stoff schnell zersetzt. Das Leipziger Gerberviertel, in dem das Leder dieses Schuhs vielleicht entstand, lag im Bereich der heutigen Gerberstraße am damaligen Verlauf der Parthe, außerhalb der Stadtmauern. Die „Stinker" wurden also auch in Leipzig aus der Stadt verbannt.

Wir wissen heute natürlich nicht, wie weit diese Schuhe ihren Besitzer getragen haben. Wir wissen aber auch nicht, was von unseren Schuhen in fünfhundert Jahren übrig bleiben wird.

11 | AUS DER SCHATZKAMMER DES WISSENS
Schreibgriffel, 12.–14. Jahrhundert

Unter den Ausgrabungsfunden vom Matthäikirchhof befanden sich nicht nur Keramik, Glas und Holzbalken, sondern auch dieses Kleinod aus Bronze. Die modebewusste Frau mag darin Haarschmuck vermuten, doch ist es ein Schreibgriffel aus mittelalterlichen Zeiten. Der schmucklose obere Teil verweist wahrscheinlich auf eine ältere Vorstufe. Später schlossen Schreibgriffel mit einer kleinen Öse ab, um an einer Schnur hängend zusammen mit anderen kleinen Geräten am Gürtel getragen zu werden. Seine Form verrät es: Geritzt wurde damit in Wachs. Die Spitze am unteren Ende diente zum Schreiben von Buchstaben oder Zahlen, das obere Ende als „Radiergummi": ein Spatel zum Glätten der beschriebenen Wachsfläche. Wachstafeln konnten auf diese Art wiederverwendet werden, zum Nachteil für Historiker, denn so ging viel Schriftgut verloren. Wachstafelbücher und Schreibgriffel aus dieser frühen Zeit bleiben eine Seltenheit in der Überlieferung.

Der Fundort Matthäikirchhof auf dem Gelände des ehemaligen Franziskanerklosters führt nicht nur in das mittelalterliche Leipzig, sondern auch in eine besondere Facette dieser Stadt: die frühe Bildungsoffensive. Geschrieben wurde nicht nur in Wachs, sondern mit Federkielen und Tinte auf Pergament und seit der Mitte des 14. Jahrhunderts auf Papier aus Italien. Wann das erste Buch nach Leipzig kam, bleibt unbekannt. Es ist jedoch sehr wahrscheinlich, dass es eine liturgische Handschrift für den Gottesdienst war. Bücher wurden in dieser Zeit von Hand geschrieben und waren nicht nur deswegen exklusive Objekte. Ihr Besitz und die Benutzung blieb der gelehrten und geistlichen Elite der Stadt vorbehalten. Mit den Klöstern der Franziskaner, Dominikaner, Augustiner-Chorherren und Benediktiner kamen die Bibliotheken und das Schreiben in die junge Handelsmetropole. Bis heute haben sich zahlreiche liturgische Handschriften, Gebetsbücher und Graduale ebenso erhalten wie Heiligenlegenden, Rechtstexte, Lehrbücher der Grammatik, Rhetorik und philosophische Texte. Leipzig entwickelte sich in der Folgezeit zu einem Mittelpunkt von Kultur und Bildung. Der Minnesänger Heinrich von Morungen verbrachte die letzten Jahre seines Lebens bei den Augustiner-Chorherren. Mit der Reformation endet zwar die Geschichte der Leipziger Klöster, aber nicht die ihrer Bücher. Der Rektor der Universität Leipzig erwirkte Mitte des 16. Jahrhunderts, dass dieser reiche Bücherschatz in den Besitz der Universitätsbibliothek wechselte und somit bis heute erhalten ist. Zum Glück, denn in der archäologischen Überlieferung haben sich in der Regel nur Bucheinbände aus Holz erhalten.

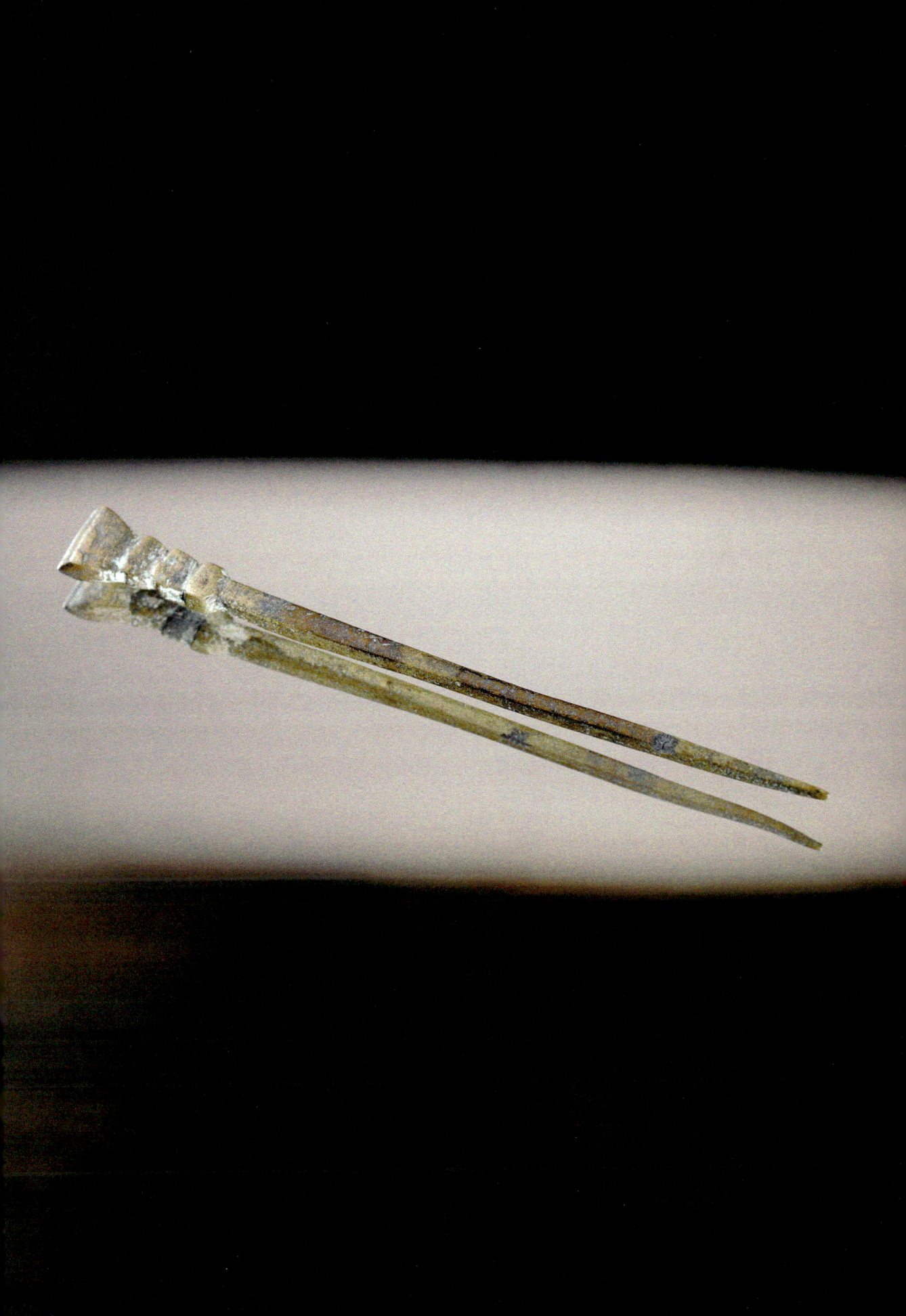

12 | MORD IM GOTTESHAUS
Haarlocke von Dietrich dem Jüngeren, genannt Diezmann, 1307

Unter den Dokumenten des Stadtgeschichtlichen Museums befand sich dereinst ein blauer Hefter mit einem Briefumschlag und darin ein mit Haaren gefülltes Folientütchen. Der beiliegende Zettel erklärte den Fund: Es sind sterbliche Reste des wettinischen Markgrafen Diezmann.

Seine Lebensgeschichte ist voller glorreicher wie tragischer Momente. Früh verlor er seine Mutter, die Kaisertochter Margarethe. Sie musste bei Nacht und Nebel vor ihrem Mann, Albrecht dem Entarteten, von der Wartburg fliehen und wurde vermutlich kurze Zeit später in Frankfurt/Main vergiftet. Sie war einer mörderischen Intrige zum Opfer gefallen. Diezmann wuchs gemeinsam mit seinem Bruder, Friedrich dem Freidigen (das heißt: der Tapfere), bei Verwandten auf. Später residierte er oft in der Pleißenburg. Leipzig gehörte zu seinem Herrschaftsgebiet. Er rettete das Haus Wettin vor dem Untergang und zahlte dafür einen hohen Preis. Am 10. Dezember 1307 soll er in der Thomaskirche ermordet worden sein.

Der Legende nach gab der Mörder den Namen seines Auftraggebers nie preis. Leipziger Bürger besaßen offensichtlich kein Tatmotiv. Sie profitierten von der Gunst der Markgrafen. Seit 1263 durfte die Stadt ihr Schöffengericht selbstständig abhalten. Das Geleitsprivileg von 1268 stellte alle Kaufleute, die in Leipzig Handel trieben, unter markgräflichen Schutz. Das betraf nicht nur die Märkte, sondern auch die Wege dorthin. Dietrich von Landsberg, ein Onkel Diezmanns, schaffte so in Zeiten von Wegelagerei und räuberischen Überfällen Sicherheit für die Händler und erhöhte so die Standortattraktivität Leipzigs im überregionalen Handel.

Die Leipziger zeigten sich dankbar und unterstützten die wettinischen Markgrafen in der Auseinandersetzung gegen die deutschen Könige. Ende des 13. Jahrhunderts versuchten diese, den Wettinern die Markgrafschaft Meißen zu entziehen. Die Brüder Friedrich und Diezmann wagten in dieser schwierigen Zeit vieles, um ihr Erbe zu retten. Die Schlacht von Lucka im Mai 1307 gegen die Übermacht des Habsburgers König Albrecht I. sollte alles entscheiden. Leipzig bezahlte den Wettinern das Heer, dem auch viele Leipziger Bürger angehörten. Gemeinsam siegten sie, auch weil der Habsburger wenig später ermordet wurde. Seinem Schicksal ging Diezmann voraus. Auftraggeber des Mordes waren vermutlich die Verlierer der Schlacht, Verwandtschaft des deutschen Königs und der verbündete Abt des Klosters Pegau.

Geblieben sind nicht nur die Geschichten und die Haarlocke. Die ersten zweihundert Jahre ruhte der Verstorbene in der Paulinerkirche. Im Jahr 1521 wurden seine Gebeine wegen Umbauarbeiten in der Kirche der Begräbnisstätte entnommen und bis in das 19. Jahrhundert in einem hölzernen Kasten in der Sakristei verwahrt, ehe sie 1842 im Chorraum erneut beigesetzt wurden. Die Zeitzeugen, so heißt es, beeindruckte an dem Leichnam vor allem die reiche Pracht rotblonden Haares, das damals noch immer den Schädel zierte. Wann die Haarlocke vom Toten genommen wurde, muss genauso offenbleiben wie ihr Weg ins Museum.

Haarlocke von

Dietzmann,

welcher im Jahre 130?
aus seiner Kirche von
wurde.

13 | DAS GEHEIMNIS DES BECHERS
Zinnbecher, 13./14. Jahrhundert

Bei Ausschachtungsarbeiten in Leipzigs Innenstadt, in der Großen Fleischergasse, trat im Jahr 1912 auch dieser Becher zutage. Seit dieser Zeit wird er wiederholt in der Leipzig-Literatur beschrieben und diskutiert. Dennoch bleiben seine Herkunft und seine Entstehungszeit ein Rätsel. Der Archäologe Herbert Küas datierte den Becher in das 12. Jahrhundert, die moderne sächsische Archäologie verweist seine Herstellung ins 13./14. Jahrhundert. Unsicher bleibt auch, ob der Becher aus dem westdeutschen Raum importiert wurde oder ob er die handwerkliche Kunst eines einheimischen Zinngießers zeigt. Der Grund für die offenen Fragen ist seine Einzigartigkeit. Echte Vergleichsstücke in Form- und Bildsprache fehlen.

In Süd- und Norddeutschland vorkommende emailleverzierte Glasbecher des späten 13. und frühen 14. Jahrhunderts sind dem Becher aus Leipzig noch am ähnlichsten. Auch hier sind die Becherschäfte in der Regel mit umlaufenden Säulenbögen verziert, unter denen dann aber figürliche oder florale Motive angeordnet sind. Der Leipziger Metallbecher kann mit dem Versuch eines Zinngießers erklärt werden, die Glasbecher in Zinn nachzuformen und zu vermarkten.

Sechs Türme organisieren den Aufbau des Bechers. Zinnen als Zeichen von Burg und Wehrhaftigkeit wechseln mit kirchlichen Zeichen einer dreischiffigen Basilika. Perlbögen verbinden die einzelnen Architekturteile. Konkrete Leipziger Motive sind jedoch nicht erkennbar. Der Schaft des Bechers ist ebenso mit plastischen Ornamenten umlaufend verziert. Unter einem Dreiecksfries ranken Trauben. Anordnung und Verwendung der einzelnen Symbole deuten auf eine Sonderanfertigung des Bechers, über dessen Auftraggeber und Gebrauch nur spekuliert werden kann. Sicher war für seinen Erwerb viel Geld im Spiel und der Gedanke des zeremoniellen Gebrauchs bei Tisch oder im sakralen Bereich. Ein solcher Becher sticht aus dem Ensemble gängiger mittelalterlicher Gebrauchswaren heraus, egal ob auf der Burg oder im bürgerlichen Haus.

Die Tatsache, dass der Becher in Leipzig dauerhaft seine Heimat fand, unterstreicht die Bedeutung der Stadt als Ort regionalen und überregionalen Handels und Handwerks. Der Leipziger Markt übte bereits um 1200 durch seine günstigen Verkehrs- und Handelsbedingungen eine starke Anziehungskraft auf fremde Kaufleute aus. Seit dem 13. Jahrhundert wanderten vermehrt Kaufleute und Handwerker nach Leipzig ein. Einer von ihnen hatte den Becher im Gepäck oder produzierte ihn hier.

14 HOPP, HOPP, HOPP, PFERDCHEN LAUF GALOPP
Reiterfigur, 15. Jahrhundert

„Die Kinder von heute sind Tyrannen. Sie widersprechen ihren Eltern, kleckern mit dem Essen und ärgern ihre Lehrer." – Damit sind nicht etwa die Kinder von heute gemeint. Dieser Ausspruch ist 2500 Jahre alt und wird dem Athener Philosophen Sokrates zugeschrieben.

Heute gibt es zahlreiche Ratgeber über Kindererziehung, -förderung und pädagogisch wertvolles Spielzeug. Dabei ist letzteres keine moderne Erfindung. Bei Ausgrabungen wurden puppenähnliche Tonformen ebenso wie Rasseln und Pfeifen aus der jüngeren Steinzeit gefunden.

Auch aus dem Mittelalter sind Spielsachen bekannt, war man sich der Wichtigkeit des Spielens für Kinder doch bewusst: Puppen, Figuren aus Ton oder auch Schwerter aus Holz. Allerdings war ihre künstlerische Ausführung und Verarbeitung stark vom Stand und dem Vermögen der Eltern abhängig. Je höher der Stand, desto aufwendiger und teurer das Spielzeug.

Unser Pferdchen aus dem 15. Jahrhundert ist ein klassisches Beispiel für ein Spielzeug dieser Zeit: Das Pferd mit seinem Reiter ist aus Ton gefertigt. Besonders beeindruckend sind die deutlich ausgeprägten Gesichtszüge des Pferdes und der Kopf des Reiters. Klar zu definieren ist der typische Helm dieser Zeit: der sogenannte Schaller. Charakteristisch für diese Helmform ist die Stromlinienförmigkeit, die auch bei diesem Reiter gut erkennbar ist. Auf der uns abgewandten Seite des Pferdes scheint es, als wolle der Reiter jeden Moment sein Schwert aus der Scheide ziehen. Auch wenn die Beine und der Schweif des Pferdes fehlen, lassen Bohrungen vermuten, dass diese Teile aus einem anderen, vielleicht beweglichen Material waren, um das Spielerlebnis zu steigern. Der Rumpf wurde zweiteilig gegossen; lediglich Mähne, Rücken und Bauch wurden per Hand modelliert. Dadurch wird deutlich, dass das Spielzeug nicht in Massen gefertigt wurde, aber auch kein Unikat war.

Das Pferdchen wurde am Ranstädter Steinweg gefunden, einem Teilabschnitt der Via regia. Vielleicht gelangte es auf dem Handelsweg mit einem der zahlreichen Händler nach Leipzig, um Kinder und Erwachsene zu erfreuen.

Spielzeug aus dieser Zeit findet man heute nur selten. Anders verhält es sich ab dem 17. Jahrhundert, was sich in den umfangreichen Spielzeugbeständen im Museum widerspiegelt. Spielsachen wurden für Jungen und Mädchen immer detailreicher und individueller. Das hing zum Teil mit der wachsenden Schicht des Bürgertums zusammen, bei dem die Erziehung der Kinder und deren Förderung einen wichtigen Teil des Selbstverständnisses einnahm. Jungen und Mädchen wurden schon früh auf ihre jeweiligen Aufgaben als Patriarch und Geschäftsmann oder Ehefrau und Mutter vorbereitet.

Spielzeug ist demnach auch immer Spiegel der Gesellschaft, ihrer Vorstellung von Ästhetik und Moral, Pädagogik und Erziehung.

15 TRÄNEN LÜGEN NICHT
Trauernde Maria, um 1510

Rotgeweinte Augen, dicke Tränen und bleiche Wangen – dieses traurige Gesicht der Muttergottes ist ein Bild des Jammers. Doch zugleich beschleicht den Betrachter das Gefühl, hier gehe es etwas theatralisch übertrieben zu.

Beide Eindrücke treffen die Besonderheiten dieser ungewöhnlichen Holzfigur sehr genau. Das intensive Rot rund um die verweinten Augen und die aus Harz geformten, plastisch aufgesetzten Tränen überraschten selbst die erfahrene Restauratorin, die diese Details vor wenigen Jahren unter Schichten von Schmutz und Patina freigelegt hat. Es handelt sich tatsächlich um die ursprüngliche Farbfassung des frühen 16. Jahrhunderts, die sich unter dem Schmutz späterer Jahrhunderte erstaunlich gut erhalten hat.

So nah wie der Museumsbesucher heute sollten die Menschen des 16. Jahrhunderts dieser trauernden Maria jedoch gar nicht kommen. Sie stand mit ihrer beachtlichen Körpergröße von 1,70 Meter auf einem Balken hoch oben im Chorraum einer Kirche unter dem Kreuz gemeinsam mit dem Jünger Johannes. Solche sogenannten Triumphkreuz-Gruppen gab es häufig in Kirchen des Mittelalters. Die Details der Farbgebung waren also darauf angelegt, dass sie auch aus einiger Entfernung noch wirkten, daher erinnern sie von Nahem fast an Theaterschminke.

Leider fehlen zu unserer Trauernden sowohl das Kreuz als auch die Johannes-Figur. Und auch die Kirche, in der sich diese beeindruckende Gruppe einst befand, existiert nicht mehr. Der Überlieferung des Leipziger Geschichtsvereins zufolge stammte sie aus der Kirche zu Eythra. Der Geschichtsverein hatte diese Figur mit vielen anderen aus Kirchen des Leipziger Umlands am Ende des 19. Jahrhunderts geborgen, später kamen diese Stücke ins Museum.

Eythra war ein Dorf im Süden von Leipzig in Nachbarschaft zu Zwenkau. Es hatte neben der Kirche auch ein traditionsreiches Rittergut mit Park zu bieten. 1970 wurde Eythra zum Bergbauschutzgebiet erklärt. 1982 begann die Aussiedlung der noch etwa 2100 Einwohner, etwa sechzig Prozent von ihnen zogen in Plattenbauten nach Leipzig-Grünau. 1984 wurde die Kirchgemeinde aufgelöst, der Friedhof in ein Sammelgrab auf dem Leipziger Südfriedhof umgebettet. Die Häuser wurden abgerissen, bald überzog der Tagebau das ganze Gebiet. 1998 wurde der Tagebau eingestellt, heute liegt die Fläche von Eythra mitten im neu entstandenen Zwenkauer See.

Damit ist die trauernde Marienfigur auch zu einem Symbol für die Geschichte des Leipziger Südraums im späten 20. Jahrhundert geworden. Ebenso aber ist sie ein Zeugnis für die reiche und anspruchsvolle Kunstausstattung der Kirchen des Leipziger Umlandes um 1500. Gerade in dieser Zeit, also wenige Jahre vor der Reformation, erlebten kirchliche Kunst und Kirchenbau in und um Leipzig einen regelrechten Boom. Die durch Handel und Messen reich gewordenen Bürger Leipzigs ermöglichten den Aus- und Umbau der Stadtkirchen im spätgotischen Stil und deren Ausstattung mit Altären und Epitaphien, und auch die Rittergutsbesitzer auf den Dörfern statteten ihre Kirchen mit Flügelaltären und Heiligenfiguren aus den Werkstätten der besten Künstler der Umgebung aus.

16 | VIEL GOLD, VIEL EHR'
Innungszeichen der Leipziger Goldschmiede, um 1450

Eine doch seltsame Erscheinung: Ein Bischof schwingt im vollen Ornat den Hammer, um einen Kelch zu fertigen. Den Kopf bedeckt die Mitra, der Mantel umweht den fleißigen Mann. Gerade formt er den oberen Rand des Kelches am Amboss aus. Der fertige Fuß des Kelches ist auf dem Nebentisch abgestellt. Auf dem Boden warten Hammer, Blasebalg und Bürste auf die weitere Verwendung.

Der Bischof ist kein Geringerer als der heilige Eligius von Noyon, der selbst Goldschmied war, bevor er im 7. Jahrhundert das Bischofsamt antrat. Sechshundert Jahre später avancierte er zum Schutzpatron der Goldschmiede und vieler anderer eisenformender Gewerke und schmückte zumeist deren Innungssiegel, so auch das Leipziger Innungszeichen.

Die Goldschmiede wurden erstmals 1452 in Leipzig erwähnt. Im Jahr 1493 legalisierten sowohl der Leipziger Rat als auch Herzog Georg das Statut der Innung. Die Goldschmiedemeister hatten sich aber weit früher zum Schutz ihrer Gewerke und zur Regelung des Umgangs innerhalb des Berufsstandes genossenschaftlich in Leipzig organisiert. So sicherten sie ihre Waren vor der Konkurrenz, konnten Qualitätsstandards festlegen und überprüfen sowie gezielt Nachwuchs ausbilden. Zunächst waren sie mit den Klein- und Hufschmieden sowie den Silberschmieden in einer Zunft organisiert. Doch die Wege trennten sich im 17. Jahrhundert.

Leipzig im ausgehenden 15. Jahrhundert hatte enormen Bedarf an dieser edlen Handwerkskunst. Die riesigen Silberfunde im Erzgebirge und die Neuorganisation der Gewinnverteilung im Bergbau spülten extrem viel Geld in die privaten und öffentlichen Kassen der Pleißestadt, die in dieser Zeit einen Bauboom erlebte. Darüber hinaus verliehen Klöster und Kirchen mit den kunstvollen und teuren Arbeiten der Goldschmiede ihrer göttlichen Verehrung Ausdruck. Ein Gesamtverzeichnis aller Kirchenkleinodien aus dem Jahr 1530 ist deutlicher Beleg des reichen Tätigkeitsfeldes der Goldschmiede. Der Leipziger Rat und die wohlhabenden Bürger lebten ihren Drang nach Selbstdarstellung aus. Der Einband der Leipziger Ratsbibel (siehe Nr. 36) ist hierfür ein beredtes Beispiel. All das sorgte nicht nur für volle Auftragsbücher, sondern steigerte die Kunstfertigkeit der hiesigen Handwerker. Die Handelsmesse wirkte gleichsam als Katalysator, legten doch Kaufleute aus aller Welt einen Teil ihres Gewinns in Geschmeide – abgeleitet von dem Wort Geschmiedetes – an, das in den Leipziger Werkstätten gefertigt wurde. Leipziger Goldschmiedekunst war zum Markenzeichen und zum Inbegriff von Qualität geworden, und das weltweit. Diesen Anspruch hatten sich nicht nur die Leipziger Goldschmiede auf die Fahnen geschrieben. Die Innung bestand bis 1820 und verzeichnete rund 350 Meisternamen.

17 ALLES, WAS RECHT IST
Sachsenspiegel von Eike von Repgow, 1461

Im Mittelalter gab es kein einheitliches Rechtssystem, wie man es heute kennt. Die Rechtsbildung und -pflege erfolgte über ungeschriebenes und mündlich überliefertes Gewohnheitsrecht und lokale Bräuche. Im 13. Jahrhundert wurde jedoch begonnen, dies schriftlich festzuhalten, die ersten Rechtsbücher entstanden. Sie sind jedoch nicht mit Gesetzestexten im modernen Sinne zu vergleichen. Rechtsbücher wurden von privater Hand verfasst, ohne amtlichen Auftrag.

Das wohl bedeutendste deutsche Rechtsbuch ist der sogenannte Sachsenspiegel, der zwischen 1220 und 1230 entstand. Auch wenn der Name nur eine lokal begrenzte Anwendung vermuten lässt, gewann der Sachsenspiegel nicht nur überregional, sondern in lateinischer Übersetzung sogar weit über den deutschen Sprachraum hinaus an Bedeutung. Bis ins 19. Jahrhundert hinein hatte er noch Einfluss auf die deutsche Rechtsprechung. Hinzu kommt, dass der ursprünglich in mittelniederdeutsch verfasste Text ein herausragendes frühes Beispiel deutschsprachiger Prosaliteratur ist. Der erste Teil des Begriffs „Sachsenspiegel" weist auf die Herkunft des Rechtsbuches hin. „Spiegel" steht für eine Zusammenstellung von Texten, die einen bestimmten Themenbereich, in diesem Fall das Recht, widerspiegeln soll. Im Sachsenspiegel werden ausführlich und in gemeinverständlicher Weise das Landrecht (Zivil- und Strafrecht) und das Lehnsrecht abgehandelt.

Über den Verfasser Eike von Repgow, der sich im Vorwort des Werks als solcher zu erkennen gibt, ist wenig bekannt. Er lebte etwa von 1180 bis 1233 im mitteldeutschen Raum, hatte wohl eine sehr gute Schulbildung erfahren, besuchte aber keine Universität. Seine eigenen Rechtskenntnisse waren laienhaft, wahrscheinlich erwarb er sie durch seine Tätigkeit als Schöffe.

Die Zahl der erhaltenen Handschriften des Sachsenspiegels ist überschaubar und bewegt sich im dreistelligen Bereich. Ein sehr aufwendig und schön gestaltetes Exemplar befindet sich in Besitz des Stadtgeschichtlichen Museums Leipzig. Der etwa vierzig Zentimeter hohe und mit dunkelbraunem Kalbsleder überzogene Holzdeckeleinband ist mit eisernen Beschlägen und zwei Schließen verziert. Der Text auf den 358 beschriebenen Pergamentblättern ist zweispaltig angeordnet, bemerkenswert sind vier künstlerisch hochwertig gestaltete Initialen auf goldenem Grund.

Der Schreiber Symon Folke fertigte die Handschrift 1461 in Ostrau bei Halle an der Saale an, Glossen sowie Kommentare stammen von Dietrich von Bocksdorff. Von Bocksdorff, später Bischof von Naumburg, hatte von 1439 an für 24 Jahre einen Lehrstuhl an der juristischen Fakultät der Universität Leipzig inne, außerdem besetzte er bis 1464 die Stelle des Syndikus des Leipziger Rates, er beriet die Stadt in juristischen Angelegenheiten und erstellte in ihrem Auftrag rechtliche Gutachten.

Albrecht Kurzwelly, erster Direktor des Stadtgeschichtlichen Museums, erwarb 1911 den Band für unser Haus bei einer Versteigerung, die Kosten wurden vom Gastwirt und Besitzer des Hotels „Thüringer Hof", Georg Grimpe, getragen.

18 | SCHIRI, WIR WISSEN WO DEIN PFERD STEHT …
Deutsches Stechzeug aus dem Leipziger Zeughaus, um 1480

Leipzig mit Kaufleuten, Unmassen von Buchdruckern oder einem Bachchoräle jubilierenden Knabenchor in Verbindung zu bringen, liegt nahe. Beim Turnier aufeinander zustürmende Ritter wollen in das Bild nicht so recht passen. Und doch gehörten auch sie für lange Zeit zum vertrauten Anblick. Nach heutigen Begriffen waren Turniere Sportveranstaltungen. Die Teilnehmer konnten Geschick, Mut und Reichtum gebührend bewundern lassen. Für die Bevölkerung waren die Wettkämpfe eine viel bejubelte Unterhaltung, und natürlich gab es auch Schiedsrichter, mit deren Entscheidungen das Publikum nicht immer einverstanden war, genau wie bei heutigen Fußballspielen.

Dass Turniere einst rein militärisches Waffentraining waren, ging bald im Jubel der Zuschauer unter. Natürlich kosteten solche Spektakel ausgesprochen viel Geld, und so waren es meist die sächsischen Landesherren, die sie ausrichteten. Warum in Leipzig? Weil sich hier eine geeignete Infrastruktur für große Festlichkeiten bot und Dresden erst ab dem 16. Jahrhundert ganz allmählich im Kommen war. Als Stadt machte Leipzig über viele Jahrhunderte einfach mehr her. Das Gewandhaus oder ab 1557 das große Rathaus am Markt mit seinem prächtigen Festsaal boten respektable Rahmen für fürstliche Feste. In der reichen Handelsstadt ließen sich Tausende zusätzliche Gäste problemlos versorgen und unterbringen. Das hier zu sehende sogenannte deutsche Stechzeug ist eine Turnierrüstung aus dem Besitz des ehemaligen Leipziger Zeughauses. Ähnlich wie man heute Bowlingschuhe entleihen kann, stellte man Turnierkämpfern mitunter Rüstungen zur Verfügung. Der im Film aus dem Nichts auftauchende vollgerüstete „Schwarze Ritter" ist ein Hollywood-Mythos. Neben der extrem dicken Panzerung und dem schweren, nur mit einem sehr schmalen Sehschlitz ausgestatteten Helm weist der Haken auf der rechten Brustseite auf den Zweck der Rüstung hin: Hier wurde die schwere, aber stumpfe Lanze eingelegt, ehe der Kämpfer hoch zu Ross auf seinen Gegner losstürmte.

Entstanden ist das Stück gegen Ende des 15. Jahrhunderts wohl in Augsburg. Damit könnte der eiserne Sportdress während der Turniere zur festlichen Hochzeit des sächsischen Herzogs Georg des Bärtigen mit der polnischen Prinzessin Barbara 1496 zum Einsatz gekommen sein.

Wo die eisernen Sportler auftraten? Bei der Hochzeit Wilhelms von Oranien mit Anna von Sachsen 1561 wurde eigens das Pflaster des Leipziger Marktes durch Ziegelsteine ersetzt und dick mit Sand bedeckt, um eine regelgemäße Rennbahn anzulegen. Auf der wurde dann auch sieben Tage lang gefeiert, nicht nur mit dem uns aus dem Kino vertrauten Lanzenstechen. Beim Versuch, einen hängenden Ring mit einer Lanze zu treffen, traten die Teilnehmer kostümiert als Kardinäle, Marktweiber oder gar als Hasen auf, und das Spektaktel dürfte mit allerlei Gesängen und burlesken Auftritten eher an Fastnachtsumzüge erinnert haben. Heute schütten wir schon einmal fuhrenweise Seesand auf den Augustusplatz und jubeln Beachvolleyballern vor dem Opernhaus zu. Alles schon mal da gewesen, und die Atmosphäre wird irgendwie die gleiche gewesen sein.

19 | SCHWARZE KUNST
Glosa sup[er] Apocalipsim, Giovanni Nanni, 1481

Das Buch selbst wirkt unscheinbar, 48 Blätter ohne illustrierendes Beiwerk, der Titel in Latein und etwas sperrig. Und trotzdem leitete es den Beginn einer Epoche in Leipzig ein, die die Stadt lange Zeit prägen sollte: Die „Glosa sup[er] Apocalipsim" ist das nachweislich älteste in Leipzig gedruckte Buch.

Zum Inhalt selbst: Nanni, bekannt auch als Annius von Viterbo oder Johannes Annius, war ein Dominikanermönch, der am päpstlichen Hof in Rom wirkte. Im Nachdruck des 1480 erschienenen Originals warnte er in Latein vor der drohenden Türkengefahr, unterlegt von Darstellungen aus der biblischen Apokalypse im Neuen Testament. Übersetzen kann man den Titel mit „Kommentar zur Apokalypse. Über die künftigen Siege der Christen über die Sarazenen". Vermutlich beauftragten Leipziger Dominikanermönche Marcus Brandis mit dem Druck der Kampfschrift. Sie ahnten damals nicht, dass Nanni heute vor allem als Nachahmer historischer Dokumente berühmt-berüchtigt sein würde. Einer seiner Schüler, der Deutsche Erasmus Stella, stand seinem Meister kaum nach: Er war unter anderem für die Fälschung der Inschrift eines Epitaphs für den Markgrafen Diezmann in der Paulinerkirche verantwortlich, die lange Zeit dem italienischen Dichter Dante Alighieri zugeschrieben war. So schließt sich auch hier der Kreis zu Leipzig.

Aber zurück zu Marcus Brandis: Er wurde 1455 – fünf Jahre nach Gutenbergs Erfindung des modernen Buchdrucks – im sächsischen Delitzsch geboren und war ein für die damalige Zeit typischer Wanderdrucker, der hier etwa zehn Jahre ansässig war, bevor er weiterzog. Am 28. September 1481 tauchte erstmals schwarz auf weiß Leipzig als Herstellungsort eines Buches auf. Druckort und -datum sind auf der letzten Seite genannt, anhand der auch noch später von Brandis verwendeten Lettern konnte man nachweisen, dass dieser für die Herstellung verantwortlich war. In Leipziger Ratsbüchern sind zwar schon zuvor hier tätige Drucker erwähnt, allerdings ohne nachweisbare Werke.

Doch dann ging es Buch auf Buch weiter: Wenige Jahre nach Brandis siedelten sich gleich mehrere bedeutende Drucker in Leipzig an, so Konrad Kachelofen, Martin Landsberg, Jacob Thanner und später Wolfgang Stöckel, der während der Leipziger Disputation 1519 wichtige reformatorische Schriften druckte. Leipzig hatte sich schnell zu einer Hochburg des Buchdrucks entwickelt.

Die deutschland- und auch europaweite Vormachtstellung Leipzigs in Sachen Buchproduktion und -handel setzte allerdings erst Ende des 17. Jahrhunderts ein – sie sollte über zweihundert Jahre lang anhalten. Neben namhaften Verlagen und Druckhäusern wie Brockhaus oder Breitkopf waren zahlreiche Gewerke hier ansässig, die unabdingbar für die Buchproduktion waren. Im Jahr 1914, als auf dem Areal der späteren Technischen Messe die „Internationale Ausstellung für Buchgewerbe und Graphik" (Bugra) stattfand, war fast jeder zehnte Leipziger auf diesem Gebiet tätig. Welche Bedeutung Leipzig für das Buchwesen hatte, verdeutlichen auch zwei Institutionen, die hier begründet wurden: die Deutsche Bücherei und der Börsenverein der Deutschen Buchhändler.

20 | PRAKTISCH, GUT UND GÜNSTIG
Daubenschüssel, um 1500

Früher gab es viel Wald rund um Leipzig, sehr viel Wald. Holz war (und ist) eine nachwachsende Ressource und deshalb der wichtigste Bau- und Werkstoff im Mittelalter. Wo man klopfte, klopfte man auf Holz. Unverzichtbar war der weit verbreitete Rohstoff beim Haus- und Schiffsbau, Bergbau und Hüttenwesen, ebenso bei der Herstellung von Werkzeugen oder Heiligenfiguren. Neben Wandverkleidungen und Mobiliar wurden auch viele Haushaltsgegenstände aus Holz gefertigt wie Kannen, Becher, Löffel, Teller und Schüsseln.

Im Verhältnis zu den meisten metallischen und tönernen Haushaltsgegenständen sind jene aus Holz eher selten erhalten. Der natürliche Verfallsprozess von Holz wird durch Witterungsbedingungen wie Feuchtigkeit, Kälte oder starke Hitze beeinflusst – es wird spröde, bekommt Risse oder es vermodert und zerfällt. Auch der Befall mit Schädlingen trägt zum vorzeitigen Verfall bei.

Bei neuzeitlichen Grabungen wurden Holzgegenstände häufig in ehemaligen Latrinen oder Abfallgruben gefunden, da die feuchte und luftdichte Umgebung die Objekte konservierte. Unter den gefundenen Holzgefäßen gab es eine erstaunlich große Anzahl von Daubenschüsseln – was darauf schließen lässt, dass es sich um einen im Mittelalter weit verbreiteten Gefäßtypus handelt.

Ob es sich bei unserer geböttcherten Schale aus Kiefernholz auch um einen Latrinenfund handelt, ist nicht gesichert, aber der gute Erhaltungszustand legt diese Vermutung nahe. Es muss um die Wende vom 15. zum 16. Jahrhundert gewesen sein, als die Schüssel entstand. Vermutlich hat sie ein Böttcher aus dem Leipziger Böttchergäßchen gefertigt. Aber vielleicht wurde sie auch in Heimarbeit hergestellt, denn ein Messer im Haus ersparte in diesem Fall den Handwerker.

Eine Daubenschüssel ist eine vergleichsweise einfache Schnitzarbeit. Sie hat eine runde Bodenplatte, die an der Kante zugespitzt ist. Diese wurde in die Kerbe im unteren Bereich der trapezförmigen Holzbrettchen – den Dauben – eingesetzt. An der Außenseite der Dauben befinden sich drei Vertiefungen für Weiden- oder Birkenruten, die das Gefäß fixieren sollten – bei unserem Exemplar sind sie nicht mehr erhalten. Zusätzlich wurden die Lücken zwischen den Dauben im Bodenbereich mit einer Dichtungsmasse (Holzteer) verschlossen.

Auf diese Weise konnten ohne großen Materialaufwand relativ schnell günstige Gefäße in der Größe heutiger Müslischälchen hergestellt werden. Sie waren Bestandteil nahezu jedes Tisches und jeder Tafel und fehlten vermutlich in keinem sächsischen Haushalt des Mittelalters und der Frühen Neuzeit. Sie dienten als Aufbewahrungsgefäße für Getreide, Obst oder Gemüse, aber es war wohl auch möglich, Brei und Eintopf aus ihnen zu essen.

21 | HÖLLENANGST UND HELLE KÖPFE
Fries mit dornengekröntem Christuskopf, um 1500

Schwarze Augen, schwarze Haare, schwarzer Bart – fast unheimlich wirkt das Gesicht aus der Nähe. Es stellt Christus dar, mit Dornenkrone und Lilien oberhalb und an den Seiten des Kopfes.

So nah aber konnte dem Gesicht an seinem ursprünglichen Platz niemand kommen: Es ist Teil eines Frieses mit 25 gleichartigen Gesichtern aus glasierter Keramik, der sich bis 1830 an der östlichen Außenmauer des Leipziger Dominikanerklosters in beachtlicher Höhe erstreckte. Die Dominikaner hatten 1229 in Leipzig ein Kloster gegründet. Kirche und Kloster weihten sie dem heiligen Paulus, daher die in Leipzig geläufigen Namen Paulinerkirche und Paulinerkloster.

Klostergebäude und Kirche wurden um 1500 im spätgotischen Stil umgebaut und erweitert, bei dieser Gelegenheit entstand auch der Fries mit den Christus-Gesichtern. Einen vergleichbaren Bauschmuck gab es in Mitteldeutschland bis dahin nicht. Man muss woanders suchen, um die Vorbilder dafür zu finden. Tatsächlich ist in Lübeck ein ganz ähnlicher Fries am Brauhaus der dortigen Dominikaner in Resten erhalten geblieben. Die Klöster eines Ordens pflegten oft Verbindungen untereinander, auch über große Entfernungen hinweg. Durch einen solchen Austausch ist auch das Motiv des Christusfrieses bis Leipzig gewandert.

Um diese Zeit hatte das Leipziger Kloster einen besonders berühmten Bewohner in seinen Mauern, den Ablassprediger Johann Tetzel. Er reiste ab 1505 von hier aus durch die Lande, um für Kardinal Albrecht und den Papst Gelder einzutreiben. Die Gläubigen zahlten gern, weil ihnen so nach dem Tod die Qualen des Fegefeuers erspart bleiben sollten. Obwohl nur einer unter vielen Ablasspredigern, stand Johann Tetzel im Ruf, so überzeugend und angsteinflößend zu predigen, dass der junge Martin Luther auf ihn aufmerksam wurde. Er machte ihn zur Zielscheibe seiner scharfen Ablasskritik, die schließlich zum Wittenberger Thesenanschlag von 1517 führte.

Nach der Einführung der Reformation 1539 in Leipzig und der Auflösung des Klosters fielen die Gebäude 1544 an die Universität. Hier fanden nun Hörsäle, Unterkünfte für Professoren und Studenten, ein großer Speisesaal für mittellose Studenten und die Bibliothek ihren Platz. Bis 1830 blieben die mittelalterlichen Gebäude Zentrum des universitären Lebens, erst dann mussten sie moderneren Bauten weichen. Seitdem wurde der Universitätskomplex am zentralen Augustusplatz noch dreimal tiefgreifend umgestaltet und den Vorstellungen der jeweiligen Zeit angepasst. Die jüngste Umgestaltung soll im Jahr 2015 abgeschlossen sein.

Der Fries mit den Christusköpfen wurde 1830 beim Abbruch der alten Klostergebäude entfernt, Einzelteile blieben erhalten und fanden so ihren Weg in verschiedene sächsische Museen und Sammlungen.

22 | HEILIGE IM GEPÄCK
Pilgerzeichen, 15./16. Jahrhundert

Pilgern ist mitnichten eine Erfindung unserer Zeit. Bereits seit mehr als tausend Jahren besuchen gläubige Christen biblische Erinnerungsorte. Ihre Wege dorthin waren stets festgeschrieben.
Es gab ganz bestimmte Pilgerziele mit exakt geplanten Reiserouten. Man könnte sagen, es waren die ersten Pauschalreiseangebote. Die großen Ziele waren die Gräber der Apostelfürsten in Rom, das Grab des Apostels Jakobus in Santiago de Compostela und natürlich das Heilige Land mit seinen vielen biblischen Schauplätzen. Für die damalige Zeit schier unüberwindbare Entfernungen, zumal die meisten Pilger per pedes unterwegs waren. Auf den Wegen dorthin reihten sich wundertätige Heiligtümer wie Perlen auf der Schnur, so auch die Wallfahrtskirche zu den 14 Nothelfern in Lutzendorf bei Jena. Aus dieser Kirche stammt unser Pilgerzeichen, das in den 1950er Jahren in einer Baugrube in der Leipziger Jahnallee gefunden wurde.
Die Pilger unterstanden ab dem 10. Jahrhundert dem kirchlichen Schutz und wurden an ihrer typischen Tracht erkannt: Stab, Pilgerhut, langer Mantel und Pilgerzeichen wie dieses hier. Jeder Pilgerort brachte eigene Pilgerzeichen hervor. Jenes der vierzehn heiligen Nothelfer ist aus einer Blei-Zinn-Legierung gegossen. Als Nothelfer fungierten vierzehn Heilige, die regional unterschiedlich sein konnten und in Notzeiten angerufen wurden. Unter ihnen befand sich stets die Mutter Gottes. Im unteren quadratischen Feld sind in drei Reihen je vier dieser Nothelfer zu sehen, während im oberen Quadrat in der Mitte Maria mit dem Kind auf dem Arm, flankiert von zwei weiteren Nothelfern, abgebildet ist. Die Pilgerzeichen waren aber nicht nur profane Erinnerungsstücke, ihnen wurde auch eine wundertätige Wirkung zugeschrieben. So legte man sie schon mal auf Wunden oder tunkte sie in Wein, den man dann trank.
Das Pilgerwesen im Mittelalter könnte auch als früher Massentourismus bezeichnet werden, der eine passende Infrastruktur benötigte: Hospitäler für Pilger mit wund gelaufenen Füßen, Quartiere zum Nächtigen und Schänken für das leibliche Wohl. Dass es beim Pilgern oft recht unchristlich zugehen konnte, beschreibt der Ulmer Dominikaner Felix Fabri. Er berichtet, dass er seine Mitpilger vom exzessiven Glücksspiel abzuhalten versuchte – meist nur mit mäßigem Erfolg.
Die Pilger wurden bald eine lukrative Einnahmequelle für die an den Transitstrecken gelegenen Städte. Auch die Leipziger am Knotenpunkt der Via regia und Via imperii witterten in ihrer geschäftstüchtigen Art einen neuen Erwerbszweig und errichteten eine adäquate Infrastruktur.
Seit einigen Jahren nimmt das Pilgern wieder einen höheren Stellenwert ein; unzählige Bücher und Filme belegen dies. Die Motivation der Menschen heute ist ganz vielfältig: Aus religiösen, spirituellen oder selbstfinderischen Gründen laufen sich die Leute Blasen an die Füße, quälen sich über Stock und Stein, schleppen sich durch brütende Hitze und nächtigen in überfüllten Massenunterkünften, um am Ende zu erkennen: Das Pilgern allein ändert nichts.

16. JAHRHUNDERT

16. JH.

23 | RITTER, REITER UND RAPIERE
Ringpanzerhemd, 16. Jahrhundert

Kennen Sie die berühmte Schlacht von Lucka? Nein? Trösten Sie sich, die meisten Leipziger auch nicht. Dennoch wird das Getümmel beim benachbarten Altenburg im Jahre 1307 gern herangezogen, wenn es um die kriegerischen Meriten Leipzigs geht.

Wirklich weit her kann es mit dem Leipziger Schlachtenruhm nicht sein, wenn man siebenhundert Jahre zurückgehen muss, um diesen zu finden. Andererseits beweist es die Friedfertigkeit unserer Stadt seit Jahrhunderten. Im Mittelalter aber haben sächsische Herrscher gern auf die bewaffneten Bürger Leipzigs zurückgegriffen, ob im Thüringischen Erbfolgekrieg oder gegen die einfallenden Hussiten – die Bürgerwehr der Pleißestadt scheint oft eingesetzt worden zu sein. Initiiert hatte das Otto der Große, als er 1165 den berühmten Stadtbrief für Leipzig ausstellte. Das geschichtsträchtige Schriftstück war nicht nur für die späteren Messen von großer Bedeutung. Es legte ebenfalls fest, wer im Krieg die neue Stadt zu verteidigen hatte. Raten Sie mal! Richtig, die Leipziger. Und wenn die neue Stadt ohnehin Verteidiger aufstellte, konnte man diese doch auch bei Kriegszügen einsetzen. Also wurde festgelegt, dass sich Leipzig an den Zwisten des Landesherrn mit einem „Beitrag von Geld und Leuten" zu beteiligen habe. Führte einst der Bürgermeister seine Mitbürger selbst ins Getümmel, überließ er das bald einem professionellen Stadthauptmann. Seit Beginn des 14. Jahrhunderts waren es ihrer gar vier, die jeweils um Weihnachten gewählt wurden. Auch die in der Stadt ansässigen Ritter hatten zur Verteidigung beizutragen. Sie bildeten die Kavallerie. Wahrscheinlich trägt die heutige Ritterstraße ihren Namen von den dort ehemals befindlichen ritterlichen Pferdeställen. Einige Jahrhunderte lang galt die Streitmacht der Handelsstadt durchaus als gefährlicher Gegner. 1292 stand sie dem Markgrafen Diezmann bei Torgau gegen dessen Vater bei. Der Leipziger Hauptmann Heinrich Stern bewahrte dabei den bedrohten Grafen vor der Gefangenschaft. Sein Fürst bedankte sich mit einem Adelstitel, „von Leipziger" durfte sich der Nothelfer fortan nennen. Die Ausrüstung für die Stadtkämpen stellte die Stadt. Waffen, Rüstungen, Schilde wurden dazu im städtischen Zeughaus verwahrt. Schlachtschwerter genauso wie Armbruste, Harnische wie Helme und natürlich auch Kettenhemden, wie dieses hier. Es stammt aus dem 16. Jahrhundert und könnte damit während der Belagerung der Stadt im Schmalkaldischen Krieg 1547 getragen worden sein.

So unscheinbar das metallene Hemd auch ist, seinerzeit war es ein recht teures Stück. Hunderte vernietete Ringe sind miteinander verflochten, man kann sich den Aufwand und damit den Preis für eine solche „Schutzweste" gut vorstellen. Tatsächlich haben derartige Panzerungen mitunter mehr Sicherheit geboten als manch martialischer Schuppenpanzer. Der Träger war beweglich, weil sich das Geflecht wie Stoff jeder Bewegung anpasste und sowohl einen Schlag mit dem Schwert als auch einen Pfeilschuss parieren konnte.

24 | DIE FRAU AN SEINER SEITE
Ehering der Katharina von Bora, 1525

Was für eine Frau! Katharina von Bora – mit fünf Jahren zur Erziehung ins Kloster gegeben, Ehefrau Martin Luthers, Mutter von sechs Kindern und Mittelpunkt eines großen Haushalts mit Landwirtschaft und Bierbrauerei. Sie wurde als wenig attraktiv und herrisch verspottet, galt jahrhundertelang als Vorbild aller protestantischen Pfarrfrauen. Zu diesem schillernden Bild der berühmtesten entlaufenen Nonne will der voluminöse Ehering kaum passen, der über viele Umwege ins Leipziger Museum kam.

Der Ring gehört zu den wenigen originalen und daher hochverehrten Gegenständen, die sich von Luther und seiner Familie erhalten haben. In aller Welt existieren zahlreiche Nachbildungen aus verschiedenen Zeiten, vielfach im Privatbesitz der Nachkommen Luthers.

Martin Luther hat sich mehrfach in Leipzig aufgehalten, sehr wichtig war seine Verbindung zu dem hier ansässigen Buchdrucker Melchior Lotter. 1519 disputierte er öffentlich in der Pleißenburg mit dem päpstlichen Gesandten Johann Eck. 1539 wurde in Leipzig die Reformation durch Herzog Heinrich den Frommen eingeführt. Luther selbst predigte aus diesem Anlass in der Thomaskirche.

Aber zurück zum Ring seiner Ehefrau Katharina. Der eigentliche Ehering, und nur den wird sie getragen haben, ist ein schlichter, schmaler Goldreif mit der Inschrift „Catharina v Boren D Martinus Lutherus". Er war ein Hochzeitsgeschenk des dänischen Königs Christian II., einem großen Verehrer Luthers, der nach seiner Absetzung und Flucht aus Dänemark 1523 sogar eine Zeitlang in Wittenberg lebte.

Den aufwendigen Schmuckring mit dem Rubin, der um diesen schmalen Goldreif herumliegt, wird Katharina womöglich gar nicht gekannt haben. Leider wissen wir bis heute nicht, wann und wieso der Ring in dieser Form umgestaltet wurde. Erstaunlich ist jedoch, was in diesem später zugefügten äußeren Ring in höchst filigraner Arbeit alles untergebracht ist. Erzählt wird die gesamte Leidensgeschichte Jesu in verkürzter Form mittels der sogenannten „Arma Christi", also den Marterwerkzeugen und anderen mit der Passion Christi in Verbindung stehenden Gegenständen. Auf dem Foto sind neben dem Kruzifix selbst die Lanze, mit der man Jesus in die Seite stach, und ein Rutenbündel zu erkennen. Ebenfalls dargestellt sind die Geißelsäule mit Fesseln, die Leiter, der Rock, um den die Kriegsknechte würfelten, Nägel und ein Hammer, schließlich auch das Schwert, mit dem Petrus einem Kriegsknecht das Ohr abschlug. Auf der Unterseite des Schwerts ist das Datum des Hochzeitstages, der 13. Juni 1525, eingraviert.

Bis 1743 befand sich der Ring im Besitz von Nachfahren der Familie, dann wurde er in Leipzig zum Verkauf angeboten, zunächst ohne Erfolg. Im frühen 19. Jahrhundert besaß ihn Johanne Christiane Devrient, Gattin eines Leipziger Fabrikanten. Sie hatte ihn von ihrem Schwiegervater aus Berlin geschenkt bekommen und vermachte ihn ihrerseits der Stadtbibliothek. 1912 kam der Ring ins Stadtgeschichtliche Museum.

25 | KAISERLICHER WAFFENSCHMIED
Maximiliansharnisch, um 1525

Am 19. Oktober 1820 fiel scheppernd unmittelbar vor dem Grimmaischen Tor ein mittelalterlich gerüsteter Ritter ohnmächtig vom Pferd. Derart unfeierlich unterbrochen wurde damit der Leichenzug des wenige Tage zuvor in der Stadt verstorbenen Fürsten Karl Philipp zu Schwarzenberg, jenes Mannes, der 1813 als Oberkommandierender der verbündeten Heere den Sieg über Napoleon in der Völkerschlacht errungen hatte. Für den prominenten Toten wollte der Rat der Stadt einen besonders fürstlichen Leichenzug organisieren. Das Protokoll sah vor, beim Fortbestehen einer Dynastie einen Geharnischten zu Pferd mitzuführen. Das Pferd war zur Hand, woher aber den Ritter nehmen? Irgendwer erinnerte sich an die Zeughausbestände veralteter Waffen. Mit dem Riefelharnisch suchte man den prächtigsten aus, steckte wegen der kleinen Kleidergröße kurzerhand einen Lehrling hinein und schickte ihn hoch zu Ross in den warmen Oktobernachmittag. Die Last der Rüstung, die wenigen Luftlöcher im Helm und die Aufregung dürften gemeinsam zur peinlichen Störung des Zuges beigetragen haben. Zumindest war der ohnmächtige Lehrling im Fall gut geschützt, und es war ihm nichts geschehen.

Das Beispiel zeugt von einem frühen Hang zur nachhaltigen Ressourcennutzung in Leipzig. Zum Zeitpunkt seines letzten Auftrittes hatte der Harnisch immerhin rund dreihundert Jahre auf dem eisernen Buckel. Um 1525 dürfte er entstanden sein, und er war damals eine absolute Innovation und ein teures Stück obendrein. Angeblich soll Kaiser Maximilian I. das Verfahren für die Serienherstellung des Harnischs selbst erfunden haben. Die rundum mit Riefen versehene Rüstung war nicht nur außergewöhnlich leicht. Die gerippte Oberfläche lenkte zugleich recht wirksam Geschosse ab. Die kaiserliche Erfindung einer besonderen Presstechnik erlaubte die Serienproduktion derartiger Panzerungen.

In Leipzig aber bleibt das Oberhaupt des Heiligen Römischen Reiches aus ganz anderem Grund in guter Erinnerung. Unsere Altvorderen behaupteten, dass die Leipziger Messe der Welt einzige sei, die sich eine Stadt halte. So ganz falsch war das nicht. Die Kreuzung der beiden großen europäischen Fernstraßen, der Via imperii und der Via regia in jener Tiefebene, die damals noch nicht die Leipziger hieß, hat vor tausend Jahren das Aufblühen einer vom Handel geprägten Siedlung um die Burg Libzi gefördert. 1497 waren die Leipziger Jahrmärkte mit internationalem Publikum in einem Maße gewachsen, dass Kaiser Maximilian schließlich die dreimal jährlich abgehaltenen Messen per Privileg in den Rang von Reichsmessen erhob, eine Tat, die bis heute segensreiche Wirkung zeigt. Das kaiserliche Dilettieren in der Plattnerkunst taugt heute nur noch fürs Museum. Das aber in recht eindrucksvoller Weise.

26 STADTLUFT MACHT FREI
Connewitzer Kreuz, 1536

In dem von Markgraf Otto dem Reichen irgendwann zwischen 1156 und 1170 ausgestellten Stadtbrief war unter anderem festgelegt, wie weit sich das Stadtrecht Leipzigs erstrecken sollte. Angewendet wurde das Magdeburger Recht, hier Weichbild genannt. Der Begriff ist dabei nicht wörtlich zu verstehen, es ist eine zusammengesetzte Ableitung aus dem Althochdeutschen, der erste Teil steht für „wih" (Dorf, Ort), der zweite für „bill" (Recht). Innerhalb dieser Grenze galt für die Bewohner das privilegierte städtische Recht, es garantierte unter anderem die persönliche Freiheit, die Unversehrtheit von Leib und Leben sowie das Recht auf Eigentum. Der aus dem Mittelalter stammende Ausspruch „Stadtluft macht frei nach Jahr und Tag" liegt darin begründet: Wenn ein Leibeigener in die Stadt floh, konnte er nach Ablauf eines Jahres nicht mehr von seinem Dienstherrn zurückgefordert werden, er hatte Bürgerrechte erworben und war damit frei.

Die ersten Begrenzungen Leipzigs erfolgten über vier hölzerne Weichbildzeichen, die an den großen Zufahrtsstraßen außerhalb der Stadtbefestigung aufgestellt waren. Diese Rechtszeichen in Kreuzform befanden sich zunächst im Norden, wo die Parthe die Gerberstraße kreuzt, im Osten an der heutigen Dresdner Straße/Ecke Gerichtsweg, im Süden in der Nähe der heutigen Windmühlenstraße und im Westen an der Elsterbrücke am Kuhturm. Der Querbalken stand vermutlich für die Grenzlinie, der Längsbalken für die Straße.

Mit dem Anwachsen der Vorstädte vor den Toren der Stadtmauer wurde im Laufe der Zeit auch das lokale Hoheitsgebiet Leipzigs erweitert, auch die Weichbildzeichen änderten ihren Standort. Neben den Kreuzen kamen durch das engmaschiger werdende Straßennetz auch immer mehr kleinere Grenzsteine zum Einsatz, die teilweise heute noch in der Stadt zu finden sind.

Im Jahr 1536 entschied der Leipziger Rat, zwei der hölzernen Hauptkreuze durch steinerne zu ersetzen, mit der Fertigung wurde der Ratssteinmetz Hans Pfretzschner beauftragt. Nur das die südliche Begrenzung der Stadt markierende Weichbildzeichen hat sich erhalten. Auf einem achteckigen Schaft aus Rochlitzer Porphyr ruht eine Tafel aus Sandstein. Auf der ursprünglich stadteinwärts gewandten und mittlerweile restaurierten Vorderseite sieht man die Jahreszahl MDXXXVI, darunter eine Kreuzigungsdarstellung, an deren Fuß das Leipziger Stadtwappen und ein Totenkopf zu erkennen ist. Die stadtauswärts gewandte Rückseite der Tafel zeigt ein Andreaskreuz und darüber die Jahreszahl „1536". Insgesamt hat das erhaltene Kreuz eine Höhe von über 2,80 Meter.

Bis zum Jahr 1994 stand das steinerne Weichbildzeichen an seinem angestammten Platz – als es längst nichts mehr zu sagen hatte und die Stadtgrenze weit über es hinweggegangen war. Stark verwittert kam es ins Stadtgeschichtliche Museum.

An der ursprünglichen Stelle, an der etwa ab 1500 die Weichbildgrenze verlief (am nördlichen Rand des Dorfes Connewitz), ist seitdem eine Nachbildung des Leipziger Bildhauers Markus Gläser zu sehen. Als Bezeichnung des Platzes rund um das Weichbildzeichen hat sich in Leipzig „Connewitzer Kreuz" eingebürgert, wobei nicht wenige diesen Namen lediglich mit der dortigen Straßenkreuzung in Verbindung bringen.

27 | GELD AUF EINEN SCHLAG
Belagerungsklippen und Prägestock, 1547

Wenn Sie beim Wort Klippe zuerst an sinkende Schatzschiffe denken, sind Sie mit einiger Sicherheit kein Münzsammler. In unserer Geschichte stammt das Wort aus dem skandinavischen Sprachraum und bedeutet „mit der Schere schneiden". Es weist auf ein Herstellungsverfahren für eckige Münzen hin.

Stellen Sie sich vor, Sie sitzen als Befehlshaber mit Ihrer Truppe in einer vom Gegner belagerten Stadt fest und Ihre Soldaten wollen unbedingt ihren Lohn, bevor sie weiterkämpfen. Das Problem: Sie haben kein Geld zur Hand! In solchen Fällen wussten sich in früheren Zeiten findige Schuldner Rat. Über Hunderte von Jahren machte den Wert des Geldes sein Material aus. Wenn also Gold- und Silbermünzen fehlten, was lag näher, als beispielsweise vorhandenes edles Metallgeschirr platt zu klopfen und in Stücke zu schneiden? Silber ist schließlich Silber. Damit dem Ersatzgeld vertraut werden konnte, wurde mit einem Prägestempel des Fürsten die Echtheit garantiert. So schnell konnte man wieder „flüssig" werden, auch im 16. Jahrhundert in Leipzig.

1547 lag Kaiser Karl V. mit seinen protestantischen Fürsten im Krieg. Um Glaubensfreiheit sollte es gehen und auch darum, wer im Reich und seinen Ländern künftig das Sagen haben sollte – Fürsten oder Kaiser. Während der sächsische Kurfürst Johann Friedrich die Revolte mit anführte, hatte sich sein Cousin, Herzog Moritz, auf die Seite des Kaisers geschlagen. Im Januar 1547 belagerte Johann Friedrich seinen herzoglichen Vetter in Leipzig. Dem wurde darüber das Geld knapp. Doch hatte man nicht die Silbergeschirre und die goldenen Kirchenschätze des Stiftes Merseburg in die gut geschützte Messestadt geschafft? Diese wurden jetzt kurzerhand „zweitverwendet". Man schmolz einiges ein und klopfte anderes zu Platten. Im Rathaus fertigte man dann mit rasch hergestellten Prägestempeln rechteckige Münzen, eben Klippen, zur Bezahlung der Soldaten. Der eingeprägte Name des sächsischen Herzogs bürgte für die Qualität des Notgeldes. Ein anderes, recht grob aus einer Silbertafel herausgeschnittenes Exemplar erzählt uns auch vom Fortgang der Geschichte. Auf der Rückseite ist zu lesen: „ Kur • ist • ge-fang • worden • den • XXIV• auf • der • Lockerhaiden". An besagtem Apriltag besiegte Karl V. den aufsässigen Kurfürsten Johann Friedrich in der Schlacht von Mühlberg und nahm ihn gefangen. Den Brauch, in Notzeiten „Ersatzgeld" ausnahmsweise selbst herzustellen, hat man noch etliche Jahrhunderte weiter ausgeübt, weit öfter nicht einmal aus Gold und Silber. Im Krieg gegen Napoleon gab es so etwas aus beschrifteten Pappstücken und im letzten Jahrhundert sogar aus Sperrholz.

Übrigens: Vor die Wahl gestellt, entweder Kurwürde oder Kopf zu verlieren, entschied sich Johann Friedrich recht rasch zugunsten seines Kopfes. Kurfürstentum wurde nun das albertinische Sachsen. Und dabei sollte es auch bis 1806 bleiben, dann wurde daraus sogar ein Königreich. Aber das ist eine andere Geschichte.

28 | IN HÖCHSTER NOT
Leipziger Stadtansicht: Warhafftige abconterfeyung der Stadt Leipzig, unbekannter Künstler, 1547

Dieser Holzschnitt aus dem Jahr 1547 galt lange Zeit als erste und damit älteste Leipziger Stadtansicht. Das für die Zeit ungewöhnlich großformatige Blatt – von sechs Stöcken gedruckt – ist eine anschauliche und szenenreiche Vogelschau aus Südosten. Sie zeigt Leipzig während der erfolglosen Belagerung durch Kurfürst Johann Friedrich von Sachsen im Januar 1547. Der Künstler ist nicht überliefert, war aber zweifelsfrei mit der Stadt und ihrer Umgebung bestens vertraut. Gedruckt wurde das Blatt in der seit 1541 bestehenden Buchdruckerei von Valentin Bapst, dem bedeutendsten Leipziger Buchdrucker in der Mitte des 16. Jahrhunderts.

Nachdem 1539 die Reformation in Leipzig eingeführt wurde, geriet die reiche und prosperierende Messestadt 1546 in offene Streitigkeiten zwischen dem jungen Herzog Moritz und dem sächsischen Kurfürsten Johann Friedrich. Im Januar des Folgejahres kam es zur Belagerung durch Streitkräfte des Kurfürsten und seiner Verbündeten. Der Vordergrund der Stadtansicht zeigt die vollständig zerstörte Petersvorstadt im Süden sowie die gleichfalls bis auf die Fundamente niedergelegte Grimmaische Vorstadt im Osten. Beide Vorstädte wurden unmittelbar vor der Belagerung von den Leipziger Bürgern selbst geschleift, um freies Schussfeld zu haben. Hier sieht man en détail das versammelte Belagerungsheer mit Feldlagern, neun Schanzen und Geschützstellungen sowie allgemeine Kampfhandlungen und das weite Feld der Zerstörung. Im Bildhintergrund erhebt sich die befestigte Stadt, die an zwei Seiten erhebliche Zerstörungen aufweist. So ist das Schloss – die Pleißenburg – am linken Bildrand durch massiven Beschuss bereits weitgehend in Schutt und Asche gelegt. Zwischen Peterstor und Grimmaischem Tor sind ebenfalls heftige Beschädigungen auszumachen, vor allem im Bereich des alten Paulinerklosters. An dieser Stelle ist für die unmittelbar bevorstehende Erstürmung eine Bresche in die Stadtmauer geschlagen. Aus bis heute ungeklärten Gründen beendete Kurfürst Johann Friedrich die Belagerung am 27. Januar 1547 und zog sein Kriegsvolk in Richtung Altenburg ab – wie durch ein Wunder blieb Leipzig verschont.

Der detailreiche, mit zahlreichen Szenen und Beschriftungen versehene Holzschnitt ist die wohl aufschlussreichste Bildquelle zur älteren Leipziger Stadtgeschichte. Die akribische Darstellung der markanten Gebäude ist eindrucksvoll und informiert den Betrachter über Anlage und Aussehen des „alten" Leipzigs aus einer Zeit, in der eine „warhafftige abconterfeyung" einer Stadt nur selten überliefert ist.

29 | TOTENHEMD UND SPENDIERHOSE
Testament des Heinrich Scherl, 1549

Hier sollte man allein schon den Titel auf sich wirken lassen: „Abschrift Herrn Heinrich Scherls des Eltern, Bürgers und Baumeisters zu Leyptzig seligen Testaments und letzten Willens, so er nach sich verlassen, auch war er seinen lieben Kindern und Erben vernünftig und wolbedechtig bescheiden, ordentlichen hier jnnen zu befinden. Welches dan von gemeiner Erbschaft eröffnet ist worden am Tage Helias im Jar 1549". Man kennt die modernen, notariell beglaubigten und oftmals knapp und nüchtern verfassten Testamente, genau den hiesigen gesetzlichen Vorgaben entsprechend. Und dann gibt es dieses: Eine großformatige Handschrift, hochwertig in Pergament gebunden, 99 Seiten stark und jedes Blatt mit einem gekrönten Doppeladler als Wasserzeichen versehen. Fürwahr ein letzter Wille – und sogar mehr als das.

Ein so ausführliches Dokument aus dem 16. Jahrhundert, an dem sich Leben und Wirken einer einzelnen Person jener Zeit so genau nachvollziehen lassen, ist eine Rarität. Heinrich Scherl der Ältere wurde 1475 in Nürnberg geboren und siedelte mit Anfang dreißig nach Leipzig über. Der Kaufmann betrieb einen florierenden Fernhandel mit Seide und „Spezereien" (Gewürze, Lebensmittel, Waren für den alltäglichen Bedarf), außerdem war er im mitteldeutschen Silbererz- und Kupferbergbau als Unternehmer tätig. Zusätzlich betrieb er in Leipzig Immobiliengeschäfte und war auch als Kreditgeber aktiv. Seine weitreichenden Geschäftsbeziehungen führten über Nürnberg, Frankfurt am Main und Breslau bis in die Niederlande.

Mitte des 16. Jahrhunderts war Leipzig bereits das Handels- und Messezentrum Mitteldeutschlands, aber es hatte noch nicht die Bedeutung anderer Wirtschaftsmetropolen wie Frankfurt am Main oder Nürnberg. Heinrich Scherl erkannte aber schon Jahre zuvor als einer der Ersten das Potenzial der aufstrebenden und günstig gelegenen Handelsstadt Leipzig und zog hier seine Geschäfte auf. Seine wirtschaftliche und gesellschaftliche Reputation führte dazu, dass Scherl auch verschiedene Ehrenämter innehatte: Er war mehrere Jahre lang Ratsherr sowie Baumeister und 1524 auch Stadtrichter. Als Scherl 1548 verstarb, war er mit einem Vermögen von mehr als 100 000 Gulden der reichste Leipziger Bürger. Er hinterließ mehrere hochwertige Immobilien. So besaß er den Großteil der ehemaligen klösterlichen Güter, die er im Zuge der Säkularisation der Stadt abgekauft hatte.

Zum Zeitpunkt seines Todes war Scherl mit der Tochter eines Leipziger Ratsherrn verheiratet, hatte sieben Töchter sowie zwei Söhne. Er bedachte in seinem Testament nicht nur seine zahlreichen Nachkommen und auch entferntere Verwandte, sondern stiftete einen Teil seines Vermögens an durch einen Brand geschädigte Leipziger sowie die beiden Hospitäler.

In dieser zeitgenössischen Testamentsabschrift sind neben Zinsbriefen und Grundstücksnachweisen Scherls auf das Genaueste alle im Haushalt befindlichen und nennenswerten Gegenstände verzeichnet. Das Original des Testaments befindet sich im hiesigen Stadtarchiv, das Besondere an dieser Abschrift sind die ausführlichen Ergänzungen, die bis zum Jahr 1573 bezüglich Besitz und Aufteilung dieses großen Erbes vorgenommen wurden.

Abschrifft.

Herrn Heinrich Scherls deß El=
tern Burgers vnd Bawmeisters zu Leiptzig seligen
Testaments vnd letzten willens, So er nach sich ver=
lassen, auch was Er seinen lieben Kindern vnd
Erben vernunfftig vnd wolbedechtig be=
scheiden Ordentlichen hierinnen
Zubefinden, Welches dan

Von

Gemeiner Erbschafft notturft Ist worden am tage
Helias Im Jar

· 1 · 5 · 4 · 9 ·

P S R

N̊ 41

30 | HEISSER OFEN
Ofenkachel/Eckkachel, um 1550

Diese Kachel war einst Teil eines wärmenden Ganzen. Sie gehörte zum Ort des Wohlbehagens eines Leipziger Haushalts: dem Kachelofen. An diesem Treffpunkt häuslich-bürgerlichen Miteinanders kam die Familie zusammen, wurde gekocht und gegessen, der Tag besprochen und vor allem Wärme getankt. Im Zeitalter der Fußbodenheizung erscheint es kaum vorstellbar, aber vor fünfhundert Jahren offenbarten Kachelöfen den Hausstand mit gehobenem Status.

Der Heizkörper bestach früher durch aufwendige Architektur und war in der guten Stube des Hauses Ausstattungs- und Repräsentationsobjekt. Um 1400 war der Kachelofen in Burgen und Stadthäusern wohlhabender Bürger zu finden. Auch diese Kachel stammt aus „guter Stube".

Die bunt glasierte Eckkachel aus der Renaissance ist aus zwei Blattkacheln zusammengesetzt. Ihre Schmuckelemente sind ein Wappenschild mit Balken und Raute. Farbige Blüten ergänzen die Zier. Form und Machart des Schildes sind dem sächsischen Wappen sehr ähnlich, die Farben setzen einen Leipziger Akzent.

Leider bleibt es ein Geheimnis, wer sich an dem Ofen einst wärmte. Wir wissen aber, dass solche Kacheln in Leipzig am heutigen Leuschnerplatz hergestellt wurden. In den dort entdeckten Töpfereigruben wurden ähnliche Bruchstücke gefunden.

Die Herkunft des Wortes aus dem althochdeutschen *Cachala* (Gefäß) zeigt, dass sich die Kachel aus einem gedrehten Gefäß entwickelt hat. In der Tat wurden die Kacheln aus Zylinderformen hergestellt, die in der Frühzeit den Töpfen noch zum Verwechseln ähnlich sahen. Später bekamen diese Töpfe einen Deckel, die Geburtsstunde der Blattkachel. Mit dieser Gruppe begann die Bildkachelkunst in Mitteldeutschland, sie war zugleich ein erster Höhepunkt der mehrfarbigen Bildgestaltung. Blattkacheln boten Raum für Bildmotive in vielen Farben und Facetten. Bei der Gestaltung des Ofens hatte der Auftraggeber je nach finanziellem Hintergrund und Geschmack relativ viel Spielraum. Er übernahm vorgegebene Bilder, die der Töpfer ihm anbot, oder brachte neue Wünsche ein. Am beliebtesten waren religiöse Motive und Symbole in Kombination mit persönlichen Ideen, wie diese Eckkachel zeigt. Vor der Reformationszeit waren es Szenen aus dem Neuen Testament, danach traten an die Stelle Marias und anderer Heiliger die Passion Jesu, Geschichten aus dem Alten Testament oder Porträts protestantischer Fürsten. Anhand ihrer Attribute waren sie auch für Menschen identifizierbar, die nicht des Schreibens und Lesens kundig waren. In jedem Fall dienten die Bildmotive als Vorbild, Beschützer und Ansprechpartner in Krisensituationen. Die Vorlagen fanden sich in der Druckgrafik, auf Altarbildern und in der zeitgenössischen Plastik.

Vollständige Bildprogramme dieser frühen Kachelöfen lassen sich kaum rekonstruieren. Bei Umbauten oder dem Austausch von schadhaften Kacheln wurde das ursprünglich konzipierte Bildprogramm häufig verändert, manchmal wurde aus mehreren schadhaften Öfen ein neuer zusammengesetzt.

31 | AUS DEM SCHNEIDER
Kartenspiel, 1557

Der Mensch ist ein Spieler, ein „homo ludens", und er gewinnt gern. Er spielt um des Vergnügens willen – oder, seltener, um sein Leben. Das Spielen ist ein Grundbedürfnis.

Eine bedeutende Form des Spiels ist das Kartenspiel, das sich ab dem 14. Jahrhundert von Italien aus über Spanien in Europa verbreitete. Wurde zunächst nur zum Vergnügen gespielt, entdeckten die ersten Kartenspieler schnell das Glücksspiel für sich. Wer nicht wagt, der nicht gewinnt. Die Folgen waren nicht selten hohe Geldverluste – und Schulden.

Diese Entwicklung veranlasste die Kirche im 15. Jahrhundert, das Kartenspiel als Teufelszeug zu verdammen. So wurden inquisatorisch zahlreiche Spiele verbrannt oder zerrissen. Leidtragende waren nicht nur die Spieler, sondern auch die Kartenmacher, die ihr verunglimpftes Handwerk dann oft über lange Zeit nicht mehr ausüben konnten.

Doch es kamen bessere Zeiten. Um sich von ihren Meistern zu emanzipieren, zogen im 16. Jahrhundert Kartenmachergesellen aus dem Süden Deutschlands auch nach Leipzig. Zu den Koryphäen der Kartenmacher gehörte Augustin Pfeffer, der Hersteller der ältesten bekannten Leipziger Spielkarte. Im Jahr 1557 auf Papier gedruckt und handkoloriert, weisen die 32 Karten zahlreiche Verzierungen auf. Es ist ein deutsches Blatt, mit den Spielfarben Schellen, Herz, Blatt und Eichel. Die Schellen-9 trägt das Leipziger Wappen, die Herz-9 das Bild eines Hundes und die Schellen-10 die Jahreszahl 1557. Das ist das Jahr, in dem das Alte Rathaus fertig gestellt wurde.

Das Schellen- sowie das Herzdaus, zwei der damals vier höchsten Spielkarten, tragen zwei Sprüche mit ermahnendem Charakter. Zum einen heißt es: „DAS IST IM SPILE GROSE KVNST WER DO AVFHORE KAN MIT GVNST". Zum anderen: „DAS KARTE SPIL BLEIBT VNGEWERT WO MAN ZV RECHTER ZEIT AVFHORT". Das Spielen könne einem also nicht gefährlich werden, wenn man es rechtzeitig beende. Die anderen beiden Däuser Eichel und Blatt tragen die Signatur des Herstellers Augustin Pfeffer auf einem Schild. Das Kartenspiel weist keinen Rückseitendruck auf.

Mitte des 19. Jahrhunderts entdeckte der Leipziger Friedrich Warnecke die Karten in einem dreihundert Jahre alten Schweinslederband. Ein Buchbinder hatte sie als Verstärkung des Deckels verwendet. Vermutlich handelt es sich daher bei dem vorliegenden Spiel um einen Fehldruck, da Augustin Pfeffer zur Zeit der Herstellung nur Geselle und kein Meister und diese Art der Buchrückenverstärkung durch Spielkartenfehldrucke zu dieser Zeit üblich war. Warnecke bot das Kartenspiel 1892 dem Stadtarchiv für 250 Mark an – so wechselte das Blatt die Hand und kam in städtischen Besitz.

32 | PFEIFEN VON OBEN
Pfeiferstuhl, 1557

„Wo geht's denn hier zum Pfeiferstuhl?" So fragen mitunter Besucher im Festsaal des Alten Rathauses – und stehen direkt davor. Sie wundern sich zu Recht über das, was unter diesem Begriff zu sehen ist: Mit einem Stuhl hat es augenscheinlich wenig zu tun, jedenfalls nicht auf den ersten Blick. Eher kann man von einem Austritt oder einem Balkon sprechen. Auch als Musikerempore wurde der Gebäudeteil schon bezeichnet – das weist immerhin auf seine Funktion hin. Denn ein Pfeiferstuhl ist laut Deutschem Wörterbuch von Jacob und Wilhelm Grimm „der Platz, auf welchem die spielleute zum tanz aufspielten". Der Begriff „Pfeifer" beschreibt jemanden, der eine Pfeife spielte, ein Profi-Musiker war gemeint. Die Pfeife – das konnte eine Flöte sein, aber auch eines der gebräuchlichen Blasinstrumente der „Stadtpfeifer": Krummhorn, Zink, Naturtrompete, Dulzian und Posaune. Das Wort „Stuhl" stand für „Ort" oder „Platz", es verwies aber auch auf einen „erhöhten Sitz" bzw. „Amtssitz". Die Musik spielte also von oben.

Stadtpfeifer gab es zwischen dem 14. und 18. Jahrhundert in vielen deutschen Städten – einen Pfeiferstuhl jedoch nicht. Man weiß durch ein Wandgemälde Albrecht Dürers von solch einem Musikerbalkon in Nürnberg – erhalten ist er aber nicht. Der Leipziger Pfeiferstuhl, der sich an der Nordseite des Rathaussaales befindet und den Durchgang zum ehemaligen sächsischen Oberhofgericht markiert, ist eine Rarität. Gleichzeitig ist er ein herausragendes Beispiel für Renaissancearchitektur in Mitteldeutschland. Er entstand 1556/57, als das Rathaus unter Leitung des Bürgermeisters Hieronymus Lotter erbaut wurde. Die Ratsmaurer und Steinmetze schufen eine Balustrade auf zwei Säulen mit einem typischen ionischen Renaissancekapitell. Das Material war roter Porphyr, ein Gestein aus der Umgebung. Einen schönen Farbkontrast bildet die zweite Säulenkonstruktion unterhalb des Balkons. Sie wurde aus hellem Sandstein gefertigt; ihren oberen Teil ziert ein Metopenfries.

Hinter der Balustrade war der Platz für die Musiker. Im Jahr 1497 stellte die Stadt Leipzig die ersten drei Stadtpfeifer fest an, kurze Zeit später kam ein weiterer dazu. Ihre Funktion war vor allem die der städtischen Repräsentation, sie waren für die musikalische Umrahmung von wichtigen Ratsfeierlichkeiten zuständig. Zudem hatten sie die Musik in den Kirchen mitzugestalten und täglich zu bestimmten Uhrzeiten vom Rathausturm zu blasen. Damit wurde den Leipzigern die Zeit angezeigt. Die Musiker durften gegen Entgelt auch bei privaten Gelegenheiten und Festen musizieren. So spielten sie zu Hochzeiten, Fürstenempfängen, Promotionsfeiern und Ähnlichem auf.

Ein herausragender Musiker war Gottfried Reiche, der um 1700 als städtischer Kunstgeiger und sechs Jahre später als Stadtpfeifer angestellt wurde. Er komponierte auch und wurde der Lieblingstrompeter von Johann Sebastian Bach. Mit der Etablierung eines bürgerlichen Konzertbetriebes und studentischer Collegia musica verloren die Stadtpfeifer im 18. Jahrhundert zunehmend an Bedeutung. Der Pfeiferstuhl verwaiste. Heute darf er von Museumsbesuchern betreten werden, die sich beim Blick in den Saal ein barockes und klangvolles Festgelage dazu vorstellen können.

33 | HIMMELSLEITER UND TEUFELSWERK
Spottbild auf die Calvinisten, unbekannter Künstler, um 1574

Was wollen die vielen älteren Herren in Schwarz an der Leiter? Einer von ihnen hat bereits einige Sprossen erklommen, doch brechen diese unter ihm, und er stürzt mit hochgereckten Armen herunter!
Je genauer man hinsieht, desto mehr rätselhafte Details gibt es in diesem Gemälde zu entdecken: An dem Apfelbaum mit Schlange oben links erwartet man Adam und Eva im Paradies zu sehen, aber statt dieser beiden ist es wieder ein Herr in Schwarz, der die Äpfel an seinesgleichen weiterreicht.
Einen entscheidenden Hinweis zur Auflösung der Rätsel gibt der Herr mit dem erhobenen Schwert rechts am Fuß der Leiter, der bei näherem Hinsehen als Martin Luther zu erkennen ist. Auf seinem Schwert ist ein Bibelvers aus dem Hebräerbrief zu entziffern: „Das Wort Gottes ist lebendig und kräftig und schärfer denn ein zweischneidig Schwert".
Das gesamte Gemälde strotzt nur so von Bibelzitaten und Erklärungen. Was den ratlosen Betrachter von heute trösten kann: Auch im 16. Jahrhundert war diese Darstellung für die meisten ohne Erläuterungen kaum verständlich.
Das Gemälde ist ein außergewöhnliches bildliches Zeugnis für die Streitigkeiten zwischen Lutheranern und Calvinisten in der zweiten Hälfte des 16. Jahrhunderts, die nicht nur mit polemischer (Bild-)Propaganda ausgetragen wurden, sondern auch immer wieder mit Gewalt.
Auch im lutherischen Sachsen gab es Anhänger der Ideen des Reformators Johannes Calvin, auf den die Gründung der evangelisch-reformierten Kirche zurückgeht. Vermutlich entstand das Gemälde in der Zeit um 1574, als der sächsische Kurfürst August im Kreis seiner Berater und der Wittenberger Theologen eine Verschwörung gegen das Luthertum vermutete und die des Calvinismus Verdächtigten mit großer Härte verfolgen ließ. Stein des Anstoßes war ein in Leipzig verlegtes Buch über das Abendmahlsverständnis, einen der heftigsten Streitpunkte zwischen den beiden Konfessionen.
Um deutlich zu machen, welche Theologen im Recht sind, nutzt das Gemälde ein altes Motiv christlicher Symbolik, die Himmelsleiter, über deren „Tugendstufen" der sterbliche Mensch den Himmel erreichen kann. Dieses Motiv wird hier auf die Konfessionsstreitigkeiten umgedeutet. Für die Calvinisten, die die Himmelsleiter auf ihre Weise stürmen wollen, brechen die Sprossen. Auf der Bildseite der Calvinisten links der Leiter gibt es weitere Hinweise, dass ihre Lehre des Teufels ist, so auch der Baum der Erkenntnis, neben dem ein Teufel auf die fehlgeleiteten Seelen wartet. Auf der rechten Bildseite haben sich Luthers Anhänger versammelt, sie kämpfen für das rechte Verständnis der Bibel.
In beiden Gruppen sind zahlreiche bekannte Gesichter auszumachen, der von der Leiter fallende Mann stellt zum Beispiel den schweizerischen Reformator Ulrich Zwingli dar, auf Luthers Seite ist unter anderem dessen Gefährte Johannes Bugenhagen auszumachen.
Das Gemälde befand sich seit dem späten 17. Jahrhundert in der Leipziger Ratsbibliothek. Für welchen Zweck und welchen Ort es ursprünglich entstand, ließ sich bisher nicht ermitteln, auch über den Künstler wissen wir nichts.

34 | SÄULENHEILIGER
Kanzel aus der alten Johanniskirche, Valentin Silbermann, 1586/87

Begegnet uns in der Kunst oder auch im Hollywood-Film ein alter Mann mit langem Bart, der uns zwei Texttafeln entgegenhält, erkennen wir sofort Moses aus dem Alten Testament, der soeben die Zehn Gebote von Gott bekommen hat und sie nun in Stein gemeißelt zu seinem Volk bringt.

Diese sonst immer zutreffende Vermutung beim Anblick des Bärtigen mit den Steintafeln trifft bei dieser hölzernen Moses-Figur allerdings nicht ganz zu. Sie gehört als Trägerfigur zu einer 2,70 Meter hohen Kanzel, die 1587 in der Leipziger Johanniskirche aufgestellt wurde.

Entziffert man nämlich den Text auf den Tafeln, wird man feststellen, dass hier statt der Gebote einige Verse aus dem Matthäus-Evangelium zu lesen sind: Jesus wird gefragt, welches das wichtigste der Gebote sei. Er lässt sich darauf nicht ein, sondern fasst alle Gebote der jüdischen Bibel zusammen, am wichtigsten seien das Gebot der Gottesliebe und das wohl meistzitierte der ganzen Bibel überhaupt: „Du sollst Deinen Nächsten lieben wie Dich selbst". Also nur zwei Gebote? Jesus liefert die Erklärung und den Zusammenhang mit Moses gleich mit: „In diesen zwei Geboten hängt das ganze Gesetz und die Propheten".

Die Gebote aus dem Alten Testament werden bei dieser Moses-Figur als bekannt vorausgesetzt, sie müssen nicht aufgezählt werden. Dem Kirchenbesucher wird gleich der nächste Schritt angeboten, die Erklärung mit Worten aus dem Neuen Testament. Diese Methode der wechselseitigen Auslegung von Bibeltexten untereinander gilt als wesentlicher Bestandteil der Predigt im Luthertum.

Und so ist auch die Gestaltung der gesamten Kanzel zu verstehen, als eine Predigt für sich. Denn auch die Szenen auf dem Kanzelkorb – Taufe, Kreuzigung und Auferstehung Jesu, außerdem Christus als Weltenrichter – werden von Bibel- oder Liedversen begleitet. Sie interpretieren die Bedeutung dieser zentralen Ereignisse des Neuen Testaments. Das heißt aber auch, dass die Botschaft der Bilder und Figuren allein als nicht ausreichend erachtet wurde.

Die Kanzel ist ein herausragendes Zeugnis des frühen Luthertums in Leipzig. Dabei verdanken wir ihre Existenz einem kriegerischen Ereignis. Die Johanniskirche war bei der Belagerung Leipzigs 1547 zerstört worden, da sie außerhalb der Stadtmauern lag (siehe Nr. 28). Sie aufzugeben, kam nicht in Frage, sie gehörte zum Johannisfriedhof und Johannishospital, beides war ohne Kirche nicht denkbar. Von 1582 bis 1584 errichtete man die Kirche neu, jetzt ganz im Sinne lutherischer Vorstellungen. Im Übrigen nutzten die Lutheraner die alten, ehemals katholischen Kirchen weiter, deren Innenausstattung teilweise den neuen Bedürfnissen angepasst wurde. In der Frühzeit des Luthertums gab es nur wenige eigenständige Kirchenbauten.

Die Kanzel blieb in der Johanniskirche bis zu deren Abriss 1894, in den anschließend errichteten Neubau passte sie nicht mehr und kam ins Museum. Im Zweiten Weltkrieg wurde die Kirche zerstört.

35 | STANDHAFT
Aktenschrank, Gregor Anesorge, 1592

Es ist wohl das einzige Möbelstück in Leipzig, das seit mehr als vierhundert Jahren unverändert am selben Platz steht. 1592 wurde der Leipziger Tischlermeister Gregor Anesorge mit der Herstellung eines Aktenschrankes für die Ratsstube im Rathaus beauftragt. Dieser Raum im südlichen Gebäudeteil war seit der Einweihung 1556 dem Bürgermeister, einem Rechtsanwalt, zwei Stadtschreibern, zwei Baumeistern sowie neun Beisitzern vorbehalten. Insgesamt war die Stadtverwaltung im 16. Jahrhundert hinsichtlich ihres Personal- und Platzbedarfs noch genügsam. Nach einer Nutzungszeit von 26 Jahren wurden erste bauliche Veränderungen am und im Rathaus vorgenommen: 1582 erhielt die Ratsstube eine neue Holzdecke, zehn Jahre später wurde die Möblierung ergänzt beziehungsweise ausgetauscht. Bei der Raumausstattung spielten rein praktische Gründe eine eher untergeordnete Rolle, von Bedeutung waren Wertigkeit und Aussehen der Anschaffungen, auch in den Amtsstuben. Die Verwaltung einer wohlhabenden Stadt wie Leipzig musste mit repräsentativen, kunsthandwerklich solide gearbeiteten Möbeln aufwarten. Und die bekam der 1592 amtierende Bürgermeister Johann Wolfgang Peilicke auch geliefert.
Anesorge orientierte sich bei der Gestaltung des Schrankes an der Renaissancearchitektur, die in ihren Grundsätzen einer klassisch strengen Gliederung und Symmetrie folgte. Die Fronten des zweigeschossigen, viertürigen Möbels wurden mit plastischen Architekturdetails und Zierelementen wie Pilaster, Giebel, Leisten und Schnitzereien versehen. Unterschiedliche, teilweise gefärbte und gebrannte Hölzer, auch verarbeitet als Intarsien, lassen die Schrankfassade trotz aller Geradlinigkeit lebendig erscheinen. Zwischen Ober- und Unterschrank befinden sich zwei schmale Schubkästen, vermutlich für Schreibutensilien. Das Innere besteht aus vier getrennten, abschließbaren Fächern mit je einem Einlegeboden. Bei Außenmaßen von 2,33 Metern Höhe, 2,70 Metern Breite und 52 Zentimetern Tiefe waren hier etwa zwei Kubikmeter Aktenablage möglich.
Seinen Dienst versah der Schrank 313 Jahre lang, exakt bis zum 31. August 1905. An diesem Tag fand die letzte Sitzung des Leipziger Stadtrates und der Stadtverordneten in der Ratsstube statt, ab Herbst erfolgte der Umzug der Verwaltung in das Neue Rathaus. Zurück blieben neben dem Aktenschrank weitere Möbel des 16. und 17. Jahrhunderts, unter anderem ein Beratungstisch und mehrere Stühle. Diese Objekte integrierte das Stadtgeschichtliche Museum als Gebäudenachnutzer 1909 in seine Ständige Ausstellung, den Schrank beließ man an seinem ursprünglichen Aufstellort.
Es ist schwer vorstellbar, dass unsere heutigen, weit weniger opulenten, dafür häufig Vornamen tragenden Büromöbel jemals das Alter, geschweige denn die kunsthistorische Bedeutung des Anesorg'schen Aktenschrankes erreichen werden. Aber die sollen ja auch keine vier Jahrhunderte lang nutz- und haltbar sein und irgendwann im Museum die Besucher staunen lassen.

17./18. JAHRHUNDERT

17./18. JH.

36 | AUF TREU UND GLAUBEN
Eidbibel des Leipziger Rates, Elias Geyer, 1603–1605

Ein Bürgermeister Leipzigs wurde erstmals 1292 urkundlich erwähnt, bis dahin hatten landesherrschaftlich gesandte Beamte als Vogt oder Schultheiß die Position inne. Ab dem 14. Jahrhundert gab es drei Räte, die sich jährlich abwechselten, aber auch teilweise personell überschnitten: einen sitzenden (regierender) und zwei ruhende. Letztere wurden nur bei wichtigen Angelegenheiten hinzugezogen. Jeder Rat bestand aus dem Bürgermeister und meist zwölf Ratsherren, gestellt durch die geachtete Oberschicht der Leipziger Bürger. Die Wahl erfolgte durch den erlauchten Kreis der ratsfähigen Männer: wohlhabende Kaufleute und angesehene Handwerker. Bürgermeister wurden oft mehrfach gewählt und blieben meist ratsangehörig bis zum Tod.

Ihren Treueid schworen die neuen Ratsangehörigen zunächst kniend in der Ratsstube auf ein silbernes Reliquienkästchen, nach Einführung der Reformation in Leipzig im Jahr 1539 durch Handauflegen auf das Evangelium. Charakter und Umfang der Prozedur änderten sich in den folgenden Jahren, sie wurde größer, gewichtiger und „frommer". Begleitet von Gottesdiensten und eigens dafür aufgeführten Kompositionen von Thomaskantoren wurden diese Feierlichkeiten nun abwechselnd in der Thomas- und Nikolaikirche durchgeführt.

Ab etwa 1542 wurden zu diesem Zweck prachtvolle Eidbibeln angefertigt, die den festlichen Charakter der Amtseinführung unterstreichen sollten. Im Jahr 1605 schuf Elias Geyer im Auftrag der Stadt die Eidbibel, die heute als Teil des Ratsschatzes im Alten Rathaus zu sehen ist.

Elias Geyer, um 1560 in Halle an der Saale geboren und ab 1589 Goldschmiedemeister in Leipzig, war einer der bedeutendsten sächsischen Handwerker seiner Zunft und Zeit. Mehrere Jahre lang stand er der Leipziger Gold- und Silberschmiedeinnung vor, sein hervorragender Ruf und seine hohe Kunstfertigkeit sorgten dafür, dass er auch zahlreiche Aufträge des kursächsischen Hofes in Dresden erhielt, deren Ergebnisse heute unter anderem im bekannten Grünen Gewölbe zu bewundern sind.

Unsere Eidbibel von 1605 ist die Überarbeitung eines älteren Werkes von Geyer, das sich heute im GRASSI Museum für Angewandte Kunst befindet. Beide Bibeln waren im Einsatz, die ältere vermutlich in der Richterstube, die jüngere in der Ratsstube. Sie unterscheiden sich unter anderem durch das Stadtwappen auf dem Buchdeckel, das nur unser Exemplar ziert. Der Einband mit Beschlägen besteht aus teilweise vergoldetem Silber, die prachtvolle Einbandfläche ist so gut wie vollständig mit zeitgenössischer verschlungener und plastisch wirkender Ornamentik überzogen. Das Zentrum des Buchdeckels bildet eine Darstellung der Kreuzigung Christi, ergänzt durch zwei allegorische Figuren, Glaube und Hoffnung symbolisierend. An den vier Ecken sind die vier Evangelisten Matthäus (Engel), Markus (Löwe), Johannes (Adler) und Lukas (Stier) dargestellt. Oben auf dem Buchdeckel ist das emaillierte Stadtwappen zu erkennen, unten weist die Inschrift „MDCV" auf das Entstehungsjahr der Eidbibel hin.

Der Band selbst enthält eine mit Initialen, Holzschnitten und geprägtem Goldschnitt versehene Luther-Bibel, gedruckt 1603 in Wittenberg.

37 | WIE DIE KANNIBALEN NACH LEIPZIG KAMEN
Erdglobus, Willem Janszoon Blaeu, 1621

Bereits in der Antike wurde die Erde als Kugel dargestellt. Wir kennen diese Art der Darstellung als Globus. Doch wo findet man heute noch Globen? Vielleicht in einem Kinderzimmer. Oder symbolisch als Logo für ein weltweit agierendes Unternehmen. Aber ist es heute noch ein allgemeingültiges Zeichen von Wissen, Bildung oder Macht? Wohl kaum.

Zur Zeit der Entstehung unseres Erdglobus 1621 sah dies ganz anders aus. Ein Globus galt als Symbol der Weltgewandtheit und Weltoffenheit, ja, auch von Macht. Nicht umsonst erscheinen bei Renaissance-Malern Globen in den Stuben von Gelehrten, Kaufmännern oder Diplomaten. Im abendländischen Europa kam die Tradition der Globen erst durch den Einfluss der islamischen Welt auf; sie dienten der Wissenschaft und Lehre.

Während die Beobachtung des Laufs der Gestirne schon lange möglich und zur Zeitmessung und Orientierung, insbesondere auf dem Meer, unumgänglich war, ist das Bild von der Erde lange fremd gewesen. Erst durch die Entdeckungsfahrten von Christoph Kolumbus, Amerigo Vespucci oder auch Ferdinand Magellan im 15. und 16. Jahrhundert änderte sich das, und die Globen brachten das Neue, Unbekannte und Exotische nach Europa. Wer sich aber vorstellt, der Globus zu dieser Zeit sei exakt, genau und korrekt gewesen, der irrt gewaltig. Vieles entstammte der Fantasie oder tradierten Erzählungen. Wie sonst könnte man sich auf unserem Erdglobus Kannibalen, Seeungeheuer und Giganten erklären? Vielleicht trug der Bericht von Amerigo Vespucci in seinem Werk „Mundus Novus" dazu bei. Er schrieb über die Ureinwohner Brasiliens: „Sie ernähren sich hauptsächlich vom Menschenfleisch. Weibspersonen essen sie nicht; sie gelten als ungenießbar." Die Maler und Kupferstecher, aber auch Bildhauer und Handwerker sorgten mit ihrer Kunstfertigkeit für die notwendige künstlerische Ausfertigung der Globen samt Fuß und Gestell, sodass man durch einen reich verzierten, kunstvoll gestalteten Globus sowohl die eigene Weltgewandtheit als auch den Sinn für Geschmack und Ästhetik repräsentieren konnte.

Ein Globus war keine Massenware. Deutlich wird das auf unserem Exemplar durch vier Kartuschen. Diese enthielten verschiedenen Persönlichkeiten gewidmete Schriftfelder und waren mit Ornamenten eingefasst. Sie wurden in Latein, der Sprache der Gelehrten, verfasst und den „edelsten, glorreichen und berühmten Herren der Vereinigten Provinzen von Germania Inferior", den bedeutendsten Entdeckern der Neuen Welt, Kolumbus, Vespucci, Magellan und da Gama, aber auch dem Besitzer selbst gewidmet.

Dass die Entdeckung der Welt und deren exakte Kartografierung gerade erst begonnen hatten, dass es noch viel zu entschlüsseln galt, war augenscheinlich. All den Geheimnissen, die die Welt noch nicht preisgegeben hatte, näherten sich die „Globusmacher" von einst aber mit viel künstlerischer Fantasie. Bevor der Erdglobus in den Besitz des Stadtgeschichtlichen Museums überging, stand er in der Leipziger Ratsbibliothek, im ehemaligen Zeug- und Gewandhaus in der Universitätsstraße. Dort diente er, neben vielen weiteren spannenden Dingen, zu Studienzwecken.

38 | MARIA HILF!
Abendmahlskelch, sogenannter Leipziger Pestkelch, 1632

Klein und schlicht präsentiert sich der aus Kupfer bestehende, vergoldete Abendmahlskelch. Im Gegensatz zu vielen anderen seiner Art, die für den kirchlichen Gebrauch oft mit hohem Aufwand gefertigt wurden, ist der sogenannte Leipziger Pestkelch in seiner Erscheinung zurückhaltend. Seinen Beinamen erhielt das Gefäß mit der Inschrift „Maria" im Zusammenhang mit einer 1632 grassierenden Pestepidemie, die Leipzig wieder einmal im starken Maße betroffen hatte. Zum Jahresende zählte man unter den 2 789 Verstorbenen allein 1 390 Pesttote. Hinzu kam, dass mit der erneuten Belagerung durch kaiserliche Truppen ab Herbst die Geschehnisse des Dreißigjährigen Krieges wiederum in die Stadt hineingetragen wurden. Mit Abgabenforderungen, Plünderungen, Zerstörungen und einer hohen Fluktuationsrate verschärfte sich die ohnehin schon verheerende Lage noch erheblich.

In der Stadt mit ihren rund 13 000 Einwohnern wurde alles Mögliche getan, der Seuche entgegenzuwirken: Gebäude, in denen Betroffene wohnten, wurden abgeriegelt, Personen mit Kontakt zu Pestkranken isoliert. Man warnte ausdrücklich vor Menschenansammlungen. Ein- und ausgehende Personen, Waren und Handelsgüter wurden an den Stadttoren streng kontrolliert, selbst die Michaelismesse fand außerhalb, in Wurzen, statt. In den beiden vor den Stadtmauern gelegenen Lazarett- beziehungsweise Pestilenzhäusern wurden die Infizierten betreut. Der Stadtrat stellte hierfür kurzfristig zusätzlich Ärzte, Hilfspersonal sowie Pfarrer ein, um Vorsorge, Behandlungen, Fürsorge und letztendlich menschenwürdige Bestattungen sicherzustellen. Allein im September beerdigte man knapp fünfhundert Tote auf dem Gottesacker vor dem Grimmaischen Tor. Zeitgenössischen Berichten zufolge waren an manchen Tagen so viele Begräbnisse notwendig, dass von 9 bis 18 Uhr die Kirchenglocken fast durchgängig läuteten.

Diese Maßnahmen des Stadtrates reichten jedoch bei Weitem nicht aus, um wirklich Herr der Lage zu werden. Mit großer Wahrscheinlichkeit handelte es sich bei der Epidemie 1632 um die hochansteckende Lungenpest, die sich über die Atemwege rasend schnell verbreitete. Die Menschen standen der Pest sowie anderen ständig wiederkehrenden Krankheiten dieser Zeit wie Fleckfieber, Cholera, Typhus, Pocken und Ruhr ohnmächtig gegenüber. Kollektive Panikausbrüche begleiteten diese Epidemiewellen. Verstärkte religiöse Bekenntnisse und Taten sollten diese „Strafe Gottes" künftig verhindern. In diesem Zusammenhang wurde wohl auch der Kelch von einem Bürger als Dank für das Abklingen der Pest sowie als Zeichen seiner Bußfertigkeit und der noch intensiveren Hinwendung zu Gott einer Leipziger Kirche gestiftet. Hieraus erklärt sich seine Bezeichnung als Pestkelch.

Das Thema Pest war für Leipzig damit noch lange nicht beendet. Die letzte große „Pestilentz" grassierte 1680, sie forderte innerhalb von fünf Monaten 2 318 Todesopfer. Zwischen 1500 und 1700 gab es in Leipzig 54 Pestjahre.

Heute muss niemand mehr befürchten, von der Pest befallen zu werden. Das Grauen, das allein das Wort hervorrief, gehört glücklicherweise der Vergangenheit an. Gänzlich ausgerottet ist sie hingegen weltweit noch immer nicht.

39 CHRIST UND HELD

Sargbeschläge und Grabbeigaben für Erik Klarson Slang, 1642 und erste Hälfte 17. Jahrhundert

Vom heute so berühmten kindlichen Pharao Tutanchamun behauptet ein Bonmot, zu sterben sei das Wichtigste, was er je getan hätte. Fast mag es beim Blick auf die Hinterlassenschaften eines vor mehr als 370 Jahren gefallenen schwedischen Offiziers ähnlich scheinen. Zugleich verweisen aber die Dinge, die ihm mit ins Grab gelegt wurden, auf eine Periode Leipziger Vergangenheit, in der Geschichte für ganz Europa geschrieben wurde.

Seit 1618 tobte in Europa jener Krieg, von dem die Zeitgenossen nicht ahnten, dass er drei Jahrzehnte andauern würde. Als Hauptschlachtfeld hatte er sich Deutschland erwählt, das er am Ende verwüstet und fast um die Hälfte der Bevölkerung gebracht seinem Schicksal überließ. Gemessen an Städten wie Magdeburg ist Leipzig der Katastrophe dennoch glimpflich entkommen. Erst um die Mitte des Krieges wurde auch die Messestadt zum Kriegsschauplatz. Am 17. September 1631 triumphierte der schwedische König Gustav Adolf über die kaiserlichen Truppen in der denkwürdigen Schlacht bei Breitenfeld, heute ein Leipziger Ortsteil. Ein Jahr darauf gelang es dem Schweden ein zweites Mal, die kaiserlichen Truppen, diesmal unter dem berühmten Wallenstein, im Dunstkreis der Stadt bei Lützen zu schlagen, freilich um den Preis des eigenen Lebens. Der in der Schlacht schwer verwundete kaiserliche Graf zu Pappenheim, genau jener, dessen Pappenheimer Kürassiere durch Schiller berühmt wurden, starb kurz darauf in der Leipziger Pleißenburg. 1642 wurde Breitenfeld erneut Schauplatz einer Schlacht zwischen Kaiserlichen und Schweden, wo den Skandinaviern zehn Jahre nach dem Tod ihres Monarchen auf dem gleichen Schlachtfeld ein weiterer Sieg gelang.

Wenig glücklich ging die Bataille für Oberst Erik Klarson Slang aus. Den Kommandeur des linken Kavallerieflügels der Schweden traf die Kugel einer Pistole tödlich. Am 13. Dezember wurde der prominente Gefallene im Beichthaus der Nikolaikirche beigesetzt. Helm, Handschuh und Degen sind mit ihm in den Sarg gelegt worden. Als 250 Jahre später die Kirche modernisiert wurde, fiel die Grabstelle den Bauarbeiten zum Opfer. Grabbeigaben und Sargbeschläge fanden so den Weg ins Museum.

Wie schwierig es war, in jenen Jahren einen ordentlichen Krieg für den sächsischen Kurfürsten zu führen, wenn man die Leipziger zum Partner hatte, davon könnte der ehemalige Kommandant der Leipziger Pleißenburg, Johann Vopelius, ein Liedchen singen. Um ihrer Stadt Schonung zu sichern, ließ der Rat feindliche kaiserliche Soldaten einfach in die Stadt ein und präsentierte ihnen so die Burg des Kurfürsten auf dem Silbertablett. Solcherart Pragmatismus zur Schonung von Bürgern und Stadt hat durchaus Sympathisches an sich. Nicht so für den Kommandanten der Pleißenburg, dessen Profession das Heldentum zu sein hatte. Ihm blieb nichts anderes übrig, als zu kapitulieren. Dumm nur, dass er das binnen Jahresfrist noch einmal wiederholte, weil ihn die Leipziger erneut gefoppt hatten. Der Kurfürst strafte das mit dem Henkersbeil. Ein Ehrengrab in der Stadtkirche erhielt der unglückliche Mann natürlich nicht. Nur das steinerne Abbild seines abgetrennten Hauptes mahnte seither vom Tor der Pleißenburg zu kriegerischem Heldenmut.

40 | MILDE GABEN
Sammelbüchse, 1652

„Sammelbüchse" – viele Leute denken dabei an freundliche Damen und Herren der Caritas oder der Heilsarmee, die in Einkaufspassagen für wohltätige Zwecke sammeln. Man hört die Münzen in der Dose klappern und staunt ein wenig, dass sich immer wieder Unverdrossene für das mühselige Geschäft des gemeinnützigen Sammelns finden.

Mitte des 17. Jahrhunderts waren Sammelbüchsen viel verbreiteter als heute. Die älteste im Stadtgeschichtlichen Museum aufbewahrte historische Spendendose zeugt davon, dass Bettler und Arme auch in einer Stadt, die bereits seit dem Ende des 16. Jahrhunderts als prachtvoller, reicher Messe- und Handelsplatz beschrieben wird, zum Stadtbild gehörten. Die blecherne Dose mit dem unhandlichen Griff war in der Richterstube des Alten Rathauses aufgestellt. Hier und an anderen öffentlichen Orten wie in Gasthäusern sollten die als fleißig gerühmten und zu Wohlstand gekommenen Leipziger Bürger ihren Obolus für die Armenfürsorge entrichten. Eindringlich mahnt die Inschrift: „Gebet den Armen umb Gottes willen. 1652". Der fromme Wunsch wird unterstützt durch die Bemalung: Zu sehen ist der arme Lazarus, dessen Geschwüre von Hunden geleckt werden. Laut Lukasevangelium wird der bedürftige und kranke Lazarus nach seinem Tod in „Abrahams Schoß" für seine Pein auf Erden entschädigt, während ein reicher Mann in der Unterwelt Qualen erleidet, weil er Lazarus einst seine Hilfe verweigert hatte. Das farbige Bild war ein klarer Appell an das Gewissen der Wohlhabenden.

Wie lange genau die Almosenbüchse im Einsatz war, ist nicht bekannt. Wurde ihr Blech von den zahlreichen hineingeworfenen Groschen (oder gar Talern) verbeult oder nagte schlicht der Zahn der Zeit daran? Die Inschrift verweist zumindest darauf, dass die Dose aufgestellt wurde, als der Leipziger Rat 1652 eine neue Bettelordnung verabschiedete. Zu dieser Zeit lagen der verheerende Dreißigjährige Krieg vier und die schwedische Besatzung Leipzigs zwei Jahre zurück. Die Einwohner hatten die schlimmsten Hungerjahre zwar überstanden, dennoch prägte „viel armes Volck" und deren lauthals bettelnde Kinder den Alltag. Die Stadtoberen sahen sich genötigt, diesem Treiben per Dekret Einhalt zu gebieten und gleichzeitig aus „christlicher Schuldigkeit" ihrer Fürsorgepflicht gegenüber Notleidenden nachzukommen. Aggressives Betteln wurde untersagt. Außerdem wurden die Bürger unter Androhung von Strafen ermahnt, keine „fremden" Bettler zu beherbergen – zu groß war die Angst vor Krankheiten wie Lepra oder Pest, die durch auswärtige „Landstreicher und Müssiggänger" eingeschleppt werden könnten. Die Leipziger sollten sich jedoch den einheimischen Armen gegenüber großzügig zeigen und regelmäßig an den Almosensammlungen beteiligen.

Die Verteilung der Spenden erfolgte einmal wöchentlich im Rathaus; über die Einnahmen und Ausgaben wurde genau Buch geführt. Mit dieser geregelten Almosenvergabe installierte der städtische Rat einen Vorläufer der Wohlfahrtspflege.

Wie alle Sammelbüchsen ist auch diese ein Ausdruck von Solidargemeinschaften in Krisenzeiten. Wie groß die Spendenbereitschaft wirklich war, verrät sie uns allerdings nicht.

41 PANTA RHEI – ALLES FLIESST
Röhrwasserplan, Johann Michael Senckeisen, 1693

„Seele des Menschen, wie gleichst du dem Wasser!" Goethe beschreibt das Wasser als Symbol für das Unergründliche, das Unbewusste. Doch Wasser ist mehr als Formlosigkeit und Chaos. Wasser ist gleichsam Ordnung und Struktur. Der Wasserplan der Stadt Leipzig von 1693 verleiht der unkontrollierbaren chemischen Verbindung eine Form.

Bereits im Römischen Reich existierte eine öffentliche Wasserversorgung, die Überreste von Aquädukten und Wasserreservoirs zeugen noch heute von der großartigen Bau- und Ingenieurkunst der Römer. Mit dem Untergang des Römischen Reiches brach das System einer organisierten Wasserversorgung in Mitteleuropa zusammen. Erst mit dem stetigen Bevölkerungswachstum, der Expansion der Städte und den veränderten hygienischen Bedingungen entstand im späten Mittelalter die Notwendigkeit einer intakten Wasserversorgung.

Davon beseelt, gelang es einem Röhrmeister aus dem sächsischen Freiberg 1504, erstmals eine Rohrleitung in der Stadt Leipzig zu installieren. Sie sollte einer Verbesserung der Versorgung der Bevölkerung dienen. 1693 gab der städtische Obervogt Johann Michael Senckeisen die aquarellierte Zeichnung des Wassersystems in Auftrag – etwa zweihundert Jahre nach dem ersten Versuch, Wasser in die Stadt zu leiten.

Die farbige Federzeichnung ist ein kleines Kunstwerk, es zeigt die Fortschrittlichkeit der Wasserversorgung im Leipzig des ausgehenden 17. Jahrhunderts. Sie gilt überdies als der älteste erhaltene Katasterplan Leipzigs und ist daher ein regelrechter Schatz. Die wertvolle Karte ist auf Papier gezeichnet und auf Holz aufgeklebt. Sie ähnelt darin ein wenig einem Altarbild. Dieser detaillierte Plan zeigt 872 Grundstücke in Alt-Leipzig, ausführliche Legenden erläutern den Wasserverlauf. Abgebildet sind neben dem Verlauf der Rohrwasserleitung auch die Zulaufstellen des Frischwassers sowie der technische Aufbau der beiden Wasserkünste. Als solche bezeichnete man die beiden Pumpwerke, links die Rote Wasserkunst, rechts die Schwarze Wasserkunst. Die eindrucksvollen Wassertürme kennzeichnet die ortsübliche Architektur. Ihren Namen erhielt die Rote Wasserkunst aufgrund ihrer aus rotem Porphyr bestehenden Tür- und Fensterfassungen. Die Wasserkünste dienten hauptsächlich der Versorgung der Wasserspiele im Garten der Nonnen des Benediktinerklosters – ihr Verwendungszweck war zunächst also ziemlich begrenzt.

Von der Schwarzen Wasserkunst liefen zwei Hauptröhren als Gefälleleitung zum Wasserhaus am Thomaspförtchen. Von hier aus wurde das Wasser zu 196 Abnehmern von sogenanntem „lebendigem Wasser" (Abnehmer mit direktem Anschluss) sowie zu 125 Abnehmern von „Abfällen" geleitet.

Heute sind Wassertürme durch erdnahe Speicherbecken ersetzt, der Wasserdruck wird durch elektrische Pumpen erzeugt. Historische Wassertürme dienen nicht mehr als Speicher – vielfach werden sie umgenutzt als Veranstaltungs- oder Wohnorte – sie sind Teil des kollektiven Gedächtnisses unserer Technik- und Kulturgeschichte.

42 | GEWOGEN UND FÜR ZU LEICHT BEFUNDEN?
Normalgewichtssatz, 1719–1722

Mögen Sie Hackbraten? Ich verlange dazu an der Fleischtheke meines Supermarktes „ein Pfund Gehacktes und Geschabtes halb und halb", so, wie ich es von meiner Mutter kenne. Ist die Verkäuferin noch recht jung, schaue ich in ein ratloses Gesicht. Meine Ergänzung „fünfhundert Gramm" lässt die junge Frau wieder entspannt lächeln.

Es ist hilfreich, wenn beim Handeln die gleichen Maßeinheiten benutzt werden. Etliche Jahrhunderte lang existierten diese in Europa nicht. Als das antike Reich der Römer zugrunde ging, waren mit ihm auch die weitgehend einheitlichen Maße und Gewichte verschwunden. Mehr und mehr entwickelte jeder Handelsflecken seine eigene Norm. Pfund und Elle, Lot oder Rute hießen sie an vielen Orten, doch die Maßeinheiten, die ihnen zugrunde lagen, waren unterschiedlich. Für eine Stadt wie Leipzig, die ihre Existenz dem weltweiten Handel verdankt, war dies eine Herausforderung.

Was wurde jahrhundertelang nicht alles nach Leipzig gekarrt, um es hier zu verkaufen! Gewürze aus den entferntesten Winkeln des Erdkreises, seltene Hölzer, Stoffe, Luxuswaren, Getreide und Metalle, Erzeugnisse des Handwerks aller Art und, und, und.

An all dem wurde in Leipzig verdient, am Verkauf, am Zwischenhandel, an Zöllen und Gebühren. Dafür musste jedoch genau ermittelt werden, welche Mengen an Tuch der Händler aus Brabant, wieviel Glaswaren der Italiener und wieviel Wachs und Teer der Moskowiter nach Sachsen gebracht hatte.

Alle sprachen natürlich von Pfund und Lot. Es war aber die schwierige Frage, welche Maßeinheiten dieser Menge genau entsprachen, sodass sie auch einem Berliner oder einem Holländer geläufig waren. Zu Beginn des 18. Jahrhunderts ist dem Rat der Stadt das Durcheinander auf den Leipziger Märkten wohl zu bunt geworden. Er wandte sich 1719 an große europäische Handelsstädte und bat um Zusendung eines dort üblichen exakt geeichten Normgewichts. In einem zweiten Schritt erweiterte er 1722 den Bestand nochmals. Nun lagen Vergleichsgewichte vor, und Mengen konnten exakt ermittelt und umgerechnet werden. Heute existieren noch 63 dieser Gewichte. Die Leipziger Sammlung dürfte damit die größte vom Beginn des 18. Jahrhunderts sein. Ihre Unterbringung in einem schönen Edelholzkasten zeugt vom Wert, den man ihr einst beimaß. Die auf den Gewichten eingravierten Ursprungsorte sprechen vom enorm weit gespannten Handelsnetz, in dessen Zentrum Leipzig einst lag. Übrigens, die 63 Gewichte bringen gemeinsam fast genau 31,5 Kilogramm auf die Waage. Im Durchschnitt wog das Pfund also fünfhundert Gramm, aber eben nur im Durchschnitt. Mal waren es fünfzehn Gramm mehr, mal zwanzig Gramm weniger, und auf einen ganzen Ochsenkarren voller Seidenballen gerechnet, kann der Durchschnitt schon ganz schön ins Geld gehen!

43 | NICHT EHRBAR, ABER AUSKÖMMLICH
Leipziger Richtschwert, 1721

Ist Ihnen auf dem Pflaster des Marktplatzes schon einmal das große Leipziger Wappen aufgefallen? Früher vermied man es tunlichst, das Bild zu betreten. Es brächte Unglück, markiert es doch die Stelle, wo einst öffentliche Hinrichtungen vollzogen wurden. Heute sorgt eher das Leipziger Schwert der Scharfrichterdynastie Gebhardt aus dem Jahre 1721 für Gänsehaut. Wenn es nun gar dieses gewesen wäre, das 1821 dem Frauenmörder Johann Christian Woyzeck, ja genau dem Büchner-Woyzeck aus der Schullektüre, den Kopf vom Rumpf getrennt hätte! War es aber nicht. Diese letzte öffentliche Hinrichtung in Leipzig hat ein anderer Scharfrichter mit eigenem „Handwerkszeug" durchgeführt. Überhaupt ist fraglich, ob das Schwert jemals in Leipzig einen Delinquenten in den Tode beförderte. Die Gebhardts waren erst seit 1800 in Leipzig tätig und mussten hier das Schwert wohl nicht einsetzen.

Der Leipziger Scharfrichter war lange Zeit auch für mehrere Städte und Ämter zuständig und führte ebenfalls die Folter durch. Bezahlt wurde er „im Stücklohn", er dürfte finanziell also zurechtgekommen sein. Wahrscheinlich sah er das als Ausgleich für den berufsbedingten Verlust an gesellschaftlicher Reputation an. Wenn auf der Klinge des Schwertes „SOLI DEO GLORIA" (Gott allein die Ehre) steht, so ist das wörtlich zu nehmen. Scharfrichter gehörten zu den sogenannten „unehrlichen" Berufen und über Jahrhunderte glaubte man, allein schon durch den Kontakt zu ihnen die eigene Ehre zu verlieren. Dennoch wandte sich so mancher an den unheimlichen Mann mit der Todesaura um Rat in Angelegenheiten, die nicht geheuer waren. Unaussprechliche Dinge, zu denen nur ein Scharfrichter Zugang hatte, versprachen magische Wirkung und waren gesucht und teuer.

Weniger magisch war über etliche Jahrhunderte der exzellente Ruf Leipzigs als Hochburg der Rechtspflege. In früheren Jahrhunderten hatte das Gericht hier nach altväterlicher Sitte noch unter freiem Himmel getagt, später in der landesherrlichen Pleißenburg und dann im Rathaus. Die Schöffen, das Herz des Leipziger Stadtgerichts, erlangten wegen ihrer großen juristischen Kompetenz großen Ruhm. Daran hatte auch die juristische Fakultät der Universität ihren Anteil. Deren Gelehrte engagierten sich in einem Maße am Leipziger Schöffenstuhl, dass dieser bald zu einer Instanz zur Wahrung mitteldeutscher Rechtssicherheit wurde. Seit 1483 und bis ins 19. Jahrhundert existierte in Leipzig auch das kursächsische Oberhofgericht. Nur dieses durfte über den Kurfürsten, seine Familie, adlige Vasallen, hohe Beamte und die Mitglieder der Universität richten. Die längste Zeit hatte es seinen Sitz im imposanten Rathaus am Markt, wohl ein Grund dafür, warum das Bauwerk etwas prächtiger ausgefallen war als seinerzeit üblich. Rechtspflege wurde also in Leipzig immer schon großgeschrieben, und wie als Trost für den Verlust der städtischen Gerichtsbarkeit im 19. Jahrhundert wurde die Stadt 1879 Sitz des obersten deutschen Gerichtes. Das aber hat nun schon gar nichts mehr mit unserer Scharfrichterdynastie zu tun. Als die sich entschloss, das Schwert ins Museum zu geben, lebte sie bereits von der Kunstdüngerfabrikation.

44 ÜBER GELD SPRICHT MAN NICHT, MAN MACHT ES
Probierwaage und Probiergewichtssatz, 1722

Es gibt das umgangssprachliche Wort vom „rumprobieren", das in der Regel mehr oder minder unsystematisches Gefummel meint. Wer probiert, hat keine Ahnung vom richtigen Weg zur Lösung. Insofern ist das Wort von der Probierwaage ein wenig irreführend.

Haben Sie sich je gefragt, wie man in lange zurückliegenden Jahrhunderten wohl den exakten Goldgehalt von Metallen, aus denen Münzen gefertigt wurden, sicherstellen konnte? Wahrscheinlich nicht. Ich sage es Ihnen dennoch.

Unsere Waage ist ein regelrechtes Präzisionsinstrument mit extrem hoher Genauigkeit. Konstruktion und Materialien unterscheiden sie um Welten von jenen Exemplaren, mit denen der Krämer um die Ecke den Zucker abwog, auch wenn beide auf den ersten Blick ähnlich aussehen. Alles ist darauf ausgerichtet, den Einfluss äußerer Faktoren möglichst auszuschalten. Weder Staub, Feuchtigkeit noch Luft sollten das Ergebnis des Wiegens verfälschen. Winzigste Partikel auf der Waagschale setzen das Gerät in Bewegung. Dieses Exemplar stammt aus Freiberg, dem Zentrum des sächsischen Silberbergbaus, und dürfte in Leipzig wohl bei der Herstellung von Geld Verwendung gefunden haben. Indem man aus Proben von Edelmetallen oder Erzen durch komplizierte Prozesse unedle Metalle entfernte und immer wieder wog, was verschwunden und was übriggeblieben war, konnte man am Ende erstaunlich exakt den Edelmetallgehalt feststellen. Dazu waren nicht zuletzt die hier zu sehenden Gewichte notwendig.

Es gibt den alten sächsischen Spruch, dass in Chemnitz des Geld erarbeitet, in Leipzig vermehrt und in Dresden verprasst würde. Tatsächlich aber verstand man es in Leipzig auch lange Zeit, Geld zu machen. Mit den durch den Handel einströmenden fremden Münzen und den Silberfunden im Erzgebirge stand der Ausgangsstoff zur Münzproduktion bereit. So wurde die erstmals 1240 erwähnte Leipziger die zweite im markgräflichen Herrschaftsgebiet eingerichtete Münzstätte. Bis 1765 existierten in der Stadt nacheinander fünf verschiedene Münzstätten. Ein Beamter hatte ständig die Güte des für die Münzen verwendeten Metalls zu überwachen. Schließlich hing vom Vertrauen der Leute, dass das Geld auch exakt das wert war, was angegeben war, die Wirtschaft ganz Sachsens ab. Welch verheerenden Einfluss eine solche finanzielle Glaubenskrise haben konnte, mussten auch die Leipziger erfahren. Als die Preußen im Siebenjährigen Krieg Sachsen besetzten, beschlagnahmte man auch die sächsischen Münzstätten. Mit den vorhandenen Prägestöcken stellten nun die Preußen sächsische Groschen her, die weit mehr Kupfer als Silber enthielten, für Friedrich den Großen ein glänzendes Geschäft. Weil der auf der Münze aufgeprägte Wert und der Silbergehalt nicht übereinstimmten, nahm die sächsische Wirtschaft bösen Schaden: Das wertlose Kupfer bekamen die Sachsen, das Silber aber, das war „für den alten Fritzen".

45 | SCHÖNE AUSSICHTEN
Westvorstadt mit Apels Garten, Johann Alexander Thiele, 1740

Was für ein atemberaubender Blick in die Leipziger Landschaft! Mit Akribie und Raffinesse bildete der Maler Thiele die Westvorstadt ab, seine detailverliebte Arbeit kommt einer Fotografie nahe. Hätte es Google Street View in einer damaligen Variante gegeben, wäre der Künstler gewiss einer der wichtigsten Bilderlieferanten dieses Ansichtendienstes geworden. Doch Thiele malte „nur", zeitgemäß und nach den Wünschen seiner Auftraggeber. Und wie er malte. Er schuf im Auftrag des sächsischen Kurfürsten eine Reihe von „Prospekten" in Sachsen, also künstlerische Abbilder von realen Landschaften. Sein hier im Ausschnitt abgebildetes Gemälde des westlichen Leipziger Vorlandes fertigte der Dresdner Maler vermutlich für einen hiesigen Kunstsammler.

Um einen weiten Ausblick in die Landschaft zu gewähren, bediente sich der Künstler eines Tricks: er hebt den Betrachter in die Vogelperspektive. Thiele erfand eine Anhöhe, die nahe der westlichen Stadtmauer, wohl auf dem Turmniveau der Thomaskirche, zu verorten wäre. Von diesem fiktiven Standpunkt geht der Blick in Richtung Westen. Die durchdachten Hell-Dunkel-Kompositionen lenken das Auge in die Bildmitte, auf gleich mehrere barocke Gartenanlagen. Etwa dreißig solcher Gärten umsäumten im 17. und 18. Jahrhundert das Stadtgebiet. Sie entstanden aus dem Repräsentationsbedürfnis eines wohlhabenden, kunstsinnigen Leipziger Bürgertums. Besonders sticht der fächerförmige Apel'sche Garten hervor, der bereits seit 1629 bestand und ab 1702 zu einem der prächtigsten Barockgärten Deutschlands ausgebaut wurde. Westlich schließen sich der Trier'sche und der Winckler'sche Garten an. Folgt man dem Verlauf des Pleißemühlgrabens nach Osten, werden die Thomasmühle und dahinter der Kleinbosische Garten sichtbar. Von diesem Ausschnitt nicht erfasst sind das Naundörfchen hinter der Flussbiegung, die Stadtmauer mit Teilen des Quartiers um die Matthäikirche sowie das schemenhaft erscheinende Dorf Lindenau mit dem Kuhturm.

Noch etwa hundert Jahre bot die Leipziger Westvorstadt nebst Umland diesen Anblick. Danach veränderte sich das Antlitz der Stadt rasant, dabei verschwanden auch die viel bewunderten Gartenareale Stück für Stück. Sie lieferten nun begehrtes Bauland für die Erweiterung der Stadt. Grundstücke wurden lukrativ parzelliert und verkauft, um sie sofort mit neuen Wohn-, Gesellschafts- und Industriegebäuden sowie Straßen und Plätzen zu überbauen. Heute zeugt im Stadtbild nur noch wenig von dieser einstigen Gartenkultur: Ein Straßenname sowie zwei Statuen von Balthasar Permoser erinnern an Apels Garten, das 1757 errichtete Rokoko-Gartenhaus von Johann Heinrich Lincke in der Seeburgstraße stellt das letzte erhaltene bauliche Relikt dieser Ära dar. Und dann existiert glücklicherweise noch eine Fülle an überlieferten Beschreibungen und Abbildungen. Diese Quellen geben uns heute eine genaue Vorstellung davon, was man in der Leipziger Umgebung bereits vor Jahrhunderten zu erwarten hatte: einfach schöne Aussichten.

46 | LEIPZIGER MUND-ART
Leipziger Koch-Buch, Susanna Eger, 1745

„Gebrauche demnach dieses Buch zu deinem Nutzen, und lebe wohl." Mit diesen persönlichen und direkten Worten an die Leserschaft endet die Vorrede im „Leipziger Koch-Buch". In einer Zeit, in der Bach und Gottsched das kulturelle und geistige Leben Leipzigs prägten, schickte sich ein Kochbuch an, ein Bestseller zu werden und bis 1745 in mehreren Auflagen gedruckt zu werden. Zwar ist es kein Standardwerk der deutschen Küche geworden, und Leipzig zählt auch nicht unbedingt zu den kulinarischen Hochburgen des Landes, doch ist das Buch etwas Besonderes.

Zunächst einmal war es ein frühes „bürgerliches" Kochbuch für die Allgemeinheit. Das war ungewöhnlich, denn Anfang des 18. Jahrhunderts waren die meisten Werke dieser Art Fachbücher für Berufsköche. Hilfreiche Zusammenstellungen für den bürgerlichen Haushalt waren rar. Im „Leipziger Koch-Buch" geht es neben überregionaler Küche häufig um hiesige Rezepte und Zutaten, oft serviert in sächsischer Mundart. Wo sonst findet man „Titsche" (Tunke) in einem Kochbuch? Und dann wurde es auch noch von einer Frau verfasst, Johanna Susanna Eger, Witwe eines Leipziger Handelsmannes und ohne entsprechende Ausbildung.

Über die „Egerin", wie sie auf dem Titelblatt bezeichnet wird, ist wenig bekannt. 1640 als Tochter eines Leipziger Kramermeisters geboren, heiratete sie 1657 den Kaufmann Johann Jacob Eger. Früh verwitwet begann sie, auch um das Wohl ihrer vier Kinder bemüht, für Leipziger Bürgerhäuser zu kochen und ihre Rezepte zu sammeln. Mit der Zeit mauserte sie sich zur lokalen Starköchin. Im Jahr 1706 veröffentlichte sie erstmals das „Leipziger Koch-Buch", noch bescheiden unter dem Kürzel „S. E.", vielleicht den eigenen Erfolg anzweifelnd. Aber der stellte sich recht schnell ein. Ab der zweiten Auflage 1712 trat sie selbstbewusst mit ihrem Namen auf, ein Jahr später starb die Egerin.

Das Buch selbst beinhaltet alle möglichen Zubereitungen von Speisen: In 910 Rezepten wird gekocht, gebraten, gebacken, geräuchert, eingelegt, gebrüht und kandiert – oft mit Mengenangaben für die Zutaten, was damals selten und für Kochlaien äußerst hilfreich war. Zudem gibt es praktische Tipps zur Haltbarmachung von Lebensmitteln sowie illustrierte Vorschläge zur richtig gedeckten Tafel. Die Rezeptideen sind einfach bis aufwendig, nie dekadent, sondern stets gut bürgerlich wirkend.

Ihr Verleger Jacob Schuster erkannte schnell das Potential des Buches und ließ es ab der zweiten Auflage zu einem umfassenden Handbuch erweitern. Im ersten Anhang werden dreißig ernährungswissenschaftliche Fragen allgemeinverständlich beantwortet, ein Lexikon erläutert wichtige Lebensmittel und Gewürze, und „Die allzeitfertig-Rechnende Köchin" bietet zum Abschluss Hilfe für die Einkäufe auf dem Markt. Neben dem kleinen Einmaleins findet man hilfreiche Tabellen zum Umrechnen von Münzen, Maßen und Gewichten sowie das sogenannte „Küchen-Inventarium", in dem alle Gerätschaften aufgeführt sind, die in eine gut geführte Leipziger Bürgerküche jener Zeit gehören sollten.

1984 brachte die Edition Leipzig das „Leipziger Koch-Buch" als Reprint noch einmal auf den Markt. Die letzte Auflage erschien 2005.

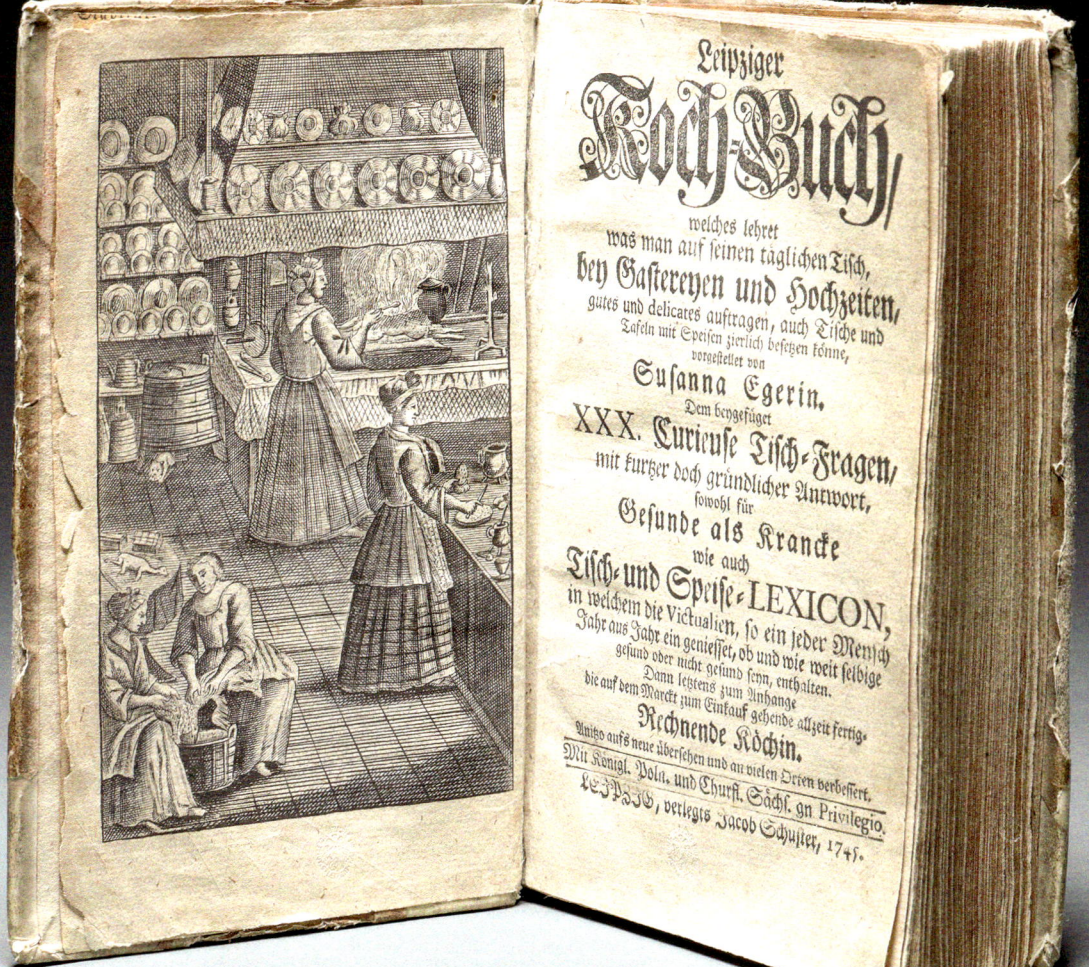

Leipziger Koch-Buch,

welches lehret
was man auf seinen täglichen Tisch,
bey Gastereyen und Hochzeiten,
gutes und delicates auftragen, auch Tische und
Tafeln mit Speisen zierlich besetzen könne,
vorgestellet von
Susanna Egerin.

Dem beygefüget
XXX. Curieuse Tisch-Fragen,
mit kurtzer doch gründlicher Antwort,
sowohl für
Gesunde als Krancke
wie auch
Tisch- und Speise-LEXICON,
in welchem die Victualien, so ein jeder Mensch
Jahr aus Jahr ein geniesset, ob und wie weit selbige
gesund oder nicht gesund seyn, enthalten.
Dann letztens zum Anhange
die auf dem Marckt zum Einkauf gehende allzeit fertig
Rechnende Köchin.

Anitzo aufs neue übersehen und an vielen Orten verbessert.
Mit Königl. Poln. und Churfl. Sächs. gn. Privilegio.
LEIPZIG, verlegts Jacob Schuster, 1745.

47 DER WAHRE BACH
Bach-Porträt, Elias Gottlob Haussmann, 1746

Sah Johann Sebastian Bach wirklich so aus? So wohlgenährt, mit großer Nase und kräftigem Kinn? Wir wissen es nicht genau, dennoch prägt das heute wohl bekannteste Ölgemälde des Leipziger Ratsmalers Elias Gottlob Haussmann unsere Vorstellung von Bach wie kein anderes. Es gilt nach wie vor als einziges authentisches Bild des Thomaskantors – denn nur bei diesem saß er tatsächlich selbst Modell. Allerdings war der Maler ein vielbeschäftigter Mann, und sein Atelier war eine regelrechte „Bilderfabrik". Er war so etwas wie der bürgerliche Hofmaler von Leipzig. Die zahlreichen Porträts von Leipziger Persönlichkeiten, die Haussmann zu malen beauftragt wurde, ähneln einander sowohl in der Pose als auch im Gesichtsausdruck. Original gemalt waren sie, aber originell? Der Künstler stellte die Porträtierten als offizielle Vertreter ihres Standes dar, nicht als Individuen. So erscheint uns auch das Musikgenie Bach: in formeller Kleidung, mit ernster Miene und weiß gepuderter Perücke. Immerhin hält der zu diesem Zeitpunkt 61-Jährige etwas in der Hand, was ihn von den anderen Honoratioren unterscheidet: ein Notenblatt mit einem komplizierten dreifachen Rätselkanon für sechs Stimmen – ein Sinnbild gelehrter Kompositionskunst.

Wie gut, dass Bach wenigstens dieses Attribut in die Hand gelegt wurde, denn auf einen barocken Durchschnittstypen sollte er nicht reduziert werden. Als der Komponist 1723 nach Leipzig kam, um sein Amt als neuer Thomaskantor und städtischer Musikdirektor anzutreten, war er bei der Stellenbesetzung nicht einmal die erste Wahl gewesen. Doch im Verlauf der kommenden 27 Jahre komponierte er hier die meisten seiner Kirchenkantaten und großen Werke wie das Weihnachtsoratorium, die h-Moll-Messe, die Johannes- und Matthäuspassion.

Dass es von einer solchen Galionsfigur der Musik ein Bild gibt, scheint selbstverständlich, ist es aber nicht. Die Entstehung des Gemäldes steht vermutlich in Zusammenhang mit Bachs 1747 erfolgtem Eintritt in einen exklusiven Intellektuellen-Club, die „Correspondirende Societät der musikalischen Wissenschaften". Deren Satzung forderte von ihren Mitgliedern die Stiftung eines auf Leinwand gemalten Porträts. Heutzutage hätte wohl ein Passbild gereicht, damals führte der Weg ins Haussmann'sche Atelier. Der Maler fertigte übrigens zwei Jahre nach Bachs Sitzung eine Replik des Porträts an, die sich derzeit in amerikanischem Privatbesitz befindet.

Nach Bachs Tod 1750 entstanden weitere Gemälde und Grafiken, die sich teilweise auf das Original beziehen, aber von anderen Urhebern stammen. Inzwischen ist das Antlitz Bachs längst zum Forschungsgegenstand geworden. Immer wieder tauchen auch „verschollene" und für „echt" befundene Bildnisse auf. So erwarb 2013 das Bachhaus Eisenach ein Pastell, das den Porträtierten mit himmelblauen Augen und heiterer Miene zeigt. Ist das der „wahre" Bach? Natürlich nicht. Denn jeder Fan aus der weltweiten Bachgemeinde kennt „seinen" Bach am besten, und alle dürften darin einig sein, dass der „wahre" Bach sowieso nur in der Musik zu finden ist.

48 | À LA FRANÇAISE
Damenkleid, um 1755

Betrachtet man dieses Kleid, glaubt man, das leichte Knistern von raschelnder Seide wahrzunehmen. Die dreiteilige Damenrobe „à la Française" aus graublauem, rosa changierendem Seidenstoff mit grazilen Ranken und farbigen Blumenbuketts besteht aus einem „Jupe", dem Rock, einem „Manteau", dem langen, vorn offenen Oberkleid mit Mieder und Vorstecker, sowie dem – hier nicht abgebildeten – „Casaquin", einem Jäckchen. Die obligatorischen Unterkleider, die Strümpfe und die Poschen, zwei seitlich an den Hüften drapierte Drahtkörbe für die Weitung des Rockes, sind nicht überliefert. Ebenso fehlt der damals übliche Aufputz, unter anderem der Spitzenbesatz am Halsausschnitt sowie die mehrstufigen Spitzenvolants an den Ärmeln. Dennoch: das Kleid ist Spitze. Es stellt ein typisches Bekleidungsensemble des Hochrokokos dar, das einer Trägerin aus dem Stadtbürgertum Leipzigs gehörte.

Die Leipzigerinnen hatten Mitte des 18. Jahrhunderts – bedingt durch die Warenmessen – mindestens dreimal jährlich in puncto internationaler Mode eine gehörige Menge Input. Ihnen entging keiner der neusten Trends, die vor allem aus Frankreich stammten. Die dortige höfische Mode war grundsätzlich tonangebend, das aufstrebende Bürgertum in den europäischen Städten entwickelte jedoch Kleidungsvarianten mit eigener Note. Hier war nicht alles übertrieben pompös, die Stoffe, Schnitte, Muster und Accessoires waren meist eine Spur dezenter. Aber luxuriös musste es schon sein, schließlich sollten großbürgerlicher Wohlstand und Vornehmheit zur Schau getragen werden. In Leipzig konnte frau bei der Wahl ihrer Garderobe auf die von zahlreichen Großhändlern eingeführten Tuche zurückgreifen. Textilmanufakturen im Stadtgebiet boten darüber hinaus auch ein umfangreiches Repertoire an exzellenten Stoffen aus eigener Produktion.

Das Kleid wurde 1935 an das Museum übergeben, es stammt aus dem Nachlass von Fanny Mothes. Sie war eine Tochter des Leipziger Architekten und Kunsthistorikers Oscar Mothes, der 1867 den Verein für Geschichte der Stadt Leipzig gründete und den Grundstock für die umfangreichen Sammlungen des Stadtgeschichtlichen Museums legte. Fanny Mothes hatte diese Robe geerbt, mit hoher Wahrscheinlichkeit von ihrer Ururgroßmutter Christiane Dorothee, seit 1752 Ehefrau des Leipziger Baumeisters und Stadtrates Johann Adolph Richter.

Es ist gut vorstellbar, dass Frau Richter in eben dieser Aufmachung um 1755 aus ihrem Wohn- und Geschäftshaus im Thomasgäßchen hin zu den entstehenden Promenaden entlang der ehemaligen Stadtmauer flanierte, die zeitweise öffentlich zugänglichen Lustgärten in den Vorstädten besichtigte, Konzerte im Gasthaus „Drey Schwanen" am Brühl besuchte, sich in einem der zwölf „Caffeschenken" niederließ oder ... Vieles ist hier denkbar. Konkretes über die Trägerin und die Verwendung des Kleides ist jedoch nicht bekannt. Aber wir sind uns sicher, dass sie in ihrer eleganten Robe chic aussah und vor allem standesgemäß daherkam. Und dass der Stoff bei jeder ihrer anmutigen Bewegungen angenehm raschelte.

49 STUDENT MIT TALENT
Kupferstichplatte, Johann Wolfgang Goethe, um 1767

Die von Goethe eigenhändig radierte Platte aus Kupfer gehört zu den wenigen Kostbarkeiten, die aus seiner Studentenzeit in Leipzig erhalten sind. Zu sehen ist eine Landschaft mit Wasserfall, darunter ein Schriftzug in französischer Sprache – eine Widmung an seinen Studienfreund Gottfried Hermann.
Goethe kam 1765 erstmals nach Leipzig, hier begann er auf ausdrücklichen Wunsch seines Vaters mit dem Jurastudium. Davon bald gelangweilt, hörte der Sechzehnjährige Poetikvorlesungen und nahm Zeichenunterricht bei Adam Friedrich Oeser, dem ersten Direktor der „Zeichnungs-, Mahlerey- und Architectur-Academie". Oeser wirkte neben seiner Tätigkeit an der 1764 gegründeten Kunstakademie als kurfürstlicher Hofmaler, er half bei der Umgestaltung der Stadt und wurde mit zahlreichen Aufträgen in Leipzig und Umgebung bedacht. Durch den Unterricht bei diesem ausgezeichneten Lehrer eröffnete sich für den jungen Dilettanten Goethe der Zugang zur Kunstakademie und zu den vielfältigen Kollektionen namhafter Leipziger Kunstsammler. Oeser führte ihn in die Arbeiten Johann Joachim Winckelmanns, eines hochverehrten Archäologen, Kunsttheoretikers und Impulsgebers für eine neue klassizistische Kunst, ein. Der Akademie-Direktor lehrte Goethe das Verständnis für die schöne Einfachheit der Antike und förderte dessen Kunstverständnis sowie künstlerisches Urteilsvermögen. Goethes gesamte Kunstanschauung geht auf seine Prägung in Leipzig zurück, er spricht von einem „Evangelium des Schönen", das er durch Oesers Vermittlung erfahren hat, und schreibt: „Sein Unterricht wird mein ganzes Leben Folgen haben. Er lehrte mich, das Ideal der Schönheit sei Einfalt und Stille." Die Bildung der Seele – ein Humanitätsideal der damaligen Zeit.
Während seiner Studentenzeit in Leipzig lernte Goethe den Kupferstecher Johann Michael Stock kennen. Unter seiner Anleitung übte er sich in Radierung und Holzschnitt. Goethe schreibt in „Dichtung und Wahrheit" über seine Erfahrungen mit der Radierkunst: „Mich reizte die reinliche Technik dieser Kunstart, … Ich radierte daher unter seiner Anleitung verschiedene Landschaften nach Thiele und andern, die obgleich von einer ungeübten Hand verfertigt, doch einigen Effekt machten und gut aufgenommen wurden …".
1893 erhielt die Leipziger Stadtbibliothek diese und eine weitere Platte als Schenkung aus Privatbesitz. Heute sind sie in der Ständigen Ausstellung im Alten Rathaus zu sehen. Die Kunstakademie nennt sich inzwischen „Hochschule für Grafik und Buchkunst Leipzig" und zählt weltweit zu den bedeutenden deutschen Kunsthochschulen – Oeser hatte gewiss einen nicht geringen Anteil an der intellektuellen Standeserhöhung der bildenden Kunst in der zweiten Hälfte des 18. Jahrhunderts.

Dedié à Monsieur le Docteur Hermann
Assesseur de la Cour Impériale
de Justice de l'Al Stect de Saxe et Sénateur
de la Ville de Leipzic
par Jean Philippe Koehler

peint par A. Thiele.
Gravé par Koehler

50 ZECHER-ALMANACH
Stammbuch des Ludwig August Heym, 1773

Fragt man Menschen nach den besten Erinnerungen aus ihrer Studienzeit, werden vielfältige Antworten gegeben: ausgiebige Kneipenbesuche und durchfeierte Nächte, interessante Exkursionen und Begegnungen mit Menschen. Nicht viel anders muss es jungen Studenten in Leipzig im ausgehenden 18. Jahrhundert ergangen sein. Sie bewahrten ihre Erinnerungen an eine aufregende Studentenzeit, an die Wegbegleiter, Förderer und Freunde in Stammbüchern.

Unser Stammbuch gehörte dem Studenten Ludwig August Heym aus Keulroda. Er zeichnete eine grün, gelb und rot kolorierte Karte von Leipzig und den umliegenden Gemeinden mit ihren beliebten „Bierdörfern" und „Kuchengärten" – eine sogenannte Studentengeografie. Auf der Rückseite beschrieb er „Einige Oerter zum Nutzen der Reisenden" in und um Leipzig. Die Studenten sollen sich – wen wundert's – außerhalb der Stadt wesentlich freier und ungezügelter benommen haben.

Die ältesten erhaltenen Stammbücher aus den frühen 1540er Jahren stammen aus dem Umkreis der Universität Wittenberg. Die im Adel gängige Gepflogenheit, sich durch Stammbäume und Wappentiere zu legitimieren, verbreitete sich zunehmend auch an Universitäten. Ihre Blütezeit erlebten die Studentenstammbücher im 18. Jahrhundert. Es ist anzunehmen, dass 1709, in dem Jahr, als die „Alma Mater Lipsiensis" ihr bereits dreihundertjähriges Bestehen als zweitälteste Universität im deutschen Raum feierte, besonders viele Stammbucheinträge in Leipzig verfasst wurden.

Neben Bibelzitaten wurden Ausritte in die Umgebung, die besten Kneipen und schönsten Touren festgehalten. In den Stammbüchern finden sich Aquarelle, Stickereien, Tusch-, Sepia- und Federzeichnungen, Scherenschnitte und Noteneinträge. Der dem Adel entsprungene Bildungsanspruch des Bürgertums bewirkte, dass viele Einträge wie selbstverständlich in lateinischer, französischer, italienischer und englischer Sprache geschrieben wurden.

Autografen berühmter Persönlichkeiten, berüchtigter Lehrer, Adliger oder Pfarrer waren begehrte Sammelobjekte. Die Immatrikulierten nutzten ihre Stammbücher als Empfehlungsschreiben beim Wechsel an eine neue Universität. Aufgrund eindrucksvoller Eintragungen und eines sichtbar gepflegten Netzwerks öffnete sich gewiss so manche Tür potenzieller Gönner und Protektoren. Doch kannte man nicht nur Lobhudelei. Neben Huldigungen des schönen Geschlechts schrieb der gemeine Student auch deftige Unanständigkeiten in die Hefte.

In die kulturhistorische Tradition der Sammlung von Sprüchen reiht sich heute das Poesiealbum. Jedoch ist der Brauch nicht mehr unter Universitätsabsolventen gängig, aus dem Erwachsenen- ist ein Kinderbrauch geworden. Das Sammeln von Zuneigungsbekundungen ausgewählter Personen spielt auch heute eine bedeutende Rolle – jedoch hat es sich auf Facebook, Twitter und XING verlagert. Ob diese Einträge allerdings in dreihundert Jahren noch verfügbar sein werden, bleibt abzuwarten.

51 RÄUBERPISTOLE, ABERGLAUBE, SENSATION?
Der Rattenkönig von Lindenau, Johann Adam Fassauer, 1774

Am Mittwoch, dem 12. Januar 1774, ereignete sich in Lindenau bei Leipzig Sonderbares, das bald im „Boulevard" jener Zeit auf riesiges Interesse stieß. Was war passiert? An jenem Tag, morgens um 4 Uhr, wurde der Müllerbursche Christian Kaiser in der Lindenauer Mühle auf winselnde Geräusche aufmerksam. Auf seiner Suche nach der Quelle stieß er schließlich auf ein fiependes Rattenknäuel, das er mit Hilfe seiner Axt aus einem mächtigen hölzernen Unterzug herausholte und auf den Boden warf. Zu seinem Entsetzen lag ein lebendiger, quiekender Rattenkönig von insgesamt sechzehn Tieren vor seinen Füßen. Erschrocken und verängstigt erschlug er die Tiere, die – wie er behauptete – gerade auf ihn losspringen wollten. Unverzüglich unterrichtete er seinen Chef Tobias Jäger, den Müller zu Lindenau, über seinen sonderbaren Fund. Jener wiederum verbreitete die Sensation in Windeseile. Dies rief den Maler Johann Adam Fassauer auf den Plan, der den Rattenkönig an sich nahm, um ihn zeichnerisch zu verewigen, denn bereits damals konnte man mit der Sensationslust der Leute gutes Geld verdienen. Nach getaner Arbeit weigerte sich Fassauer aber, den Rattenkönig an den Müllerburschen zurückzugeben. Bereits wenige Tage später – am 16. Januar – wurde die strittige Angelegenheit im Lindenauer Gasthaus „Zum Posthorn" vor Vertretern des Leipziger Rates und im Beisein zweier Experten, des Arztes Dr. Daniel Christian Burdach und des Universitätschirurgen Dr. Johann Gottlob Eckholdt, verhandelt.

Bis ins 18. Jahrhundert galt der Rattenkönig, also mehrere an den Schwänzen verknotete oder verklebte Ratten, als böses Omen und Verkünder von Unheil und Krankheit. Wohl aus Angst und Schrecken wurden Rattenkönige, wo immer man sie fand, umgehend getötet. In der durch Furcht und Aberglaube geprägten Gesellschaft herrschte die Vorstellung, dass der König eines Rattenvolkes regelrecht auf seinen Artgenossen thronte; ein Mythos, der nicht nur im deutschen Sprachraum lebendig war.

Wie es zu der Verknotung und Verklebung vielzähliger Rattenschwänze kommen kann, ist bis heute nicht geklärt. Einzelne Funde belegen, dass Rattenkönige über längere Zeit lebensfähig waren, da sie von ihren Artgenossen versorgt wurden. Der früheste Bericht über einen Rattenkönig stammt aus dem Jahr 1564, der jüngste von 2005. Der größte bisher bekannte ist der „Altenburger Rattenkönig" mit 32 Tieren. Seit dem Mittelalter sind fast fünfzig Exemplare überliefert. Einige davon sind bis heute als Präparate in wissenschaftlichen Sammlungen zu bestaunen.

Das Ereignis, das 1774 die Leipziger Gemüter so sehr in Wallung brachte, fand sogar Erwähnung in „Brehms Tierleben". Bis heute ist der „Lindenauer Rattenkönig" in der Erinnerung der Stadt fest verankert – dank einer naturgetreuen Radierung und eines skurrilen Augenzeugenberichtes. Ratten existieren in Leipzig auch heute; ein „Rattenkönig" aber hat sich seit Langem nicht mehr gezeigt.

Das ist der Razen König oder die sechzehn verwickelten Razen.
Den 13 Januar 1774 in der Mühle in Lindenau von den Mühl-Burschen gefangen worden
Nach der Natur gezeignet von Fassauer.

52 | ALS DAS TAXI LAUFEN LERNTE
Sänfte, um 1780

Die Vorstellung ist für den heutigen ÖPNV-Dauernutzer einfach traumhaft: von einer Sänfte wie im 18. Jahrhundert befördert zu werden. Wollte man da in Leipzig flugs von A nach B, wurde die „Chaise" gerufen. Die kam, sofort. Die flinken Träger öffneten eine zwischen beiden Tragholmen platzierte Einstiegstür, schon sank man in das mit Seide bezogene Polster. Bei schönem Wetter wurden die Fensterscheiben versenkt und das Dach nach hinten geklappt – die Cabrio-Variante. Seidene Fenstervorhänge schützten vor Sonne und neugierigen Blicken. Vor Fahrt-, besser: Trageantritt handelten Passagier und Träger die Taxe aus, wobei es festgelegte Maximalbeträge gab. Lautlos, sanft und schadstofffrei ging es mit zwei Menschenstärken flott ans Ziel. Weder Gedränge noch miserable Straßenbeläge konnten das Sessel-Taxi ausbremsen. Wendig genug war das Objekt, trotz seiner Länge von 2,35 Metern. Getragen wurde bei jedem Wetter, technische Mängel traten kaum auf. Die robusten, uniformierten Träger manövrierten ihre gut betuchte Kundschaft zuverlässig, geschickt und unfallfrei durch Leipzigs Straßen.

Sänften waren der Ursprung des organisierten öffentlichen Personennahverkehrs. In der Messestadt führte Bürgermeister Franz Conrad Romanus diese nach französischem Vorbild kreierten Transportmittel 1703 ein. Dominierten bis dahin die zahlreichen „Karethen", also sperrige Pferdefuhrwerke, den Personentransport, zog mit den Sänften mehr Ruhe und Ordnung ein. Die „Chaisenträger-Kompagnie" war eine durch die Stadt beaufsichtigte Organisation, deren Mitglieder die stadteigenen „Tragsessel" anmieteten und betrieben. Die „Instruction derer Senftenträger" vom 29. September 1703 regelte Arbeitszeiten, Standorte und Einsatzgebiete, Transportmodalitäten, Pflege und Unterhalt der Sänften, Verhaltensregeln der Träger und die städtische Aufsicht. Es war ein präzise formuliertes Regelwerk. Die anfänglich 24 Träger mussten ihre zwölf Sänften von 6 Uhr bis 20 Uhr im sauberen Zustand vorhalten, auch sonn- und feiertags. Bei Bedarf, etwa nachts oder während der Messe, konnten diese Zeiten ausgeweitet werden. Als „Sänftenzentrale" diente die Handelsbörse am Naschmarkt. Zur Tarif- und Transportzone gehörten das Leipziger Stadtgebiet und die Vororte. Die Sänftenträger wurden zudem beim Löschen von Bränden eingesetzt. Detailliert war die Arbeitsweise vorgeschrieben, die „einen langen, hurtigen und steten Schritt, ohne Schuttern und Anstossen" forderte, ohne „Stillestehen und Schwatzen". Während des Transportes durften die Träger weder essen noch trinken noch rauchen; strikt verboten war Unfreundlichkeit.

Über ein Jahrhundert lang agierten die Leipziger Sänftenträger ziemlich konkurrenzlos. Mit der Ausweitung des Stadtgebietes drängten zeitgemäßere Personentransport-Unternehmen auf den Markt: 1841 die Pferdedroschken, 1872 die Pferdebahn, 1896 die elektrische Straßenbahn. Die Sänftenträger hatten nun ausgedient. Sie waren bis zur Auflösung ihrer Kompagnie im Juni 1886 lediglich geduldet und als Krankenträger, als Feuerwehrleute oder bei Hilfsarbeiten im Einsatz. Ihre letzte Amtshandlung bestand in der Übergabe der besterhaltenen „Chaise" an den Verein für die Geschichte der Stadt Leipzig.

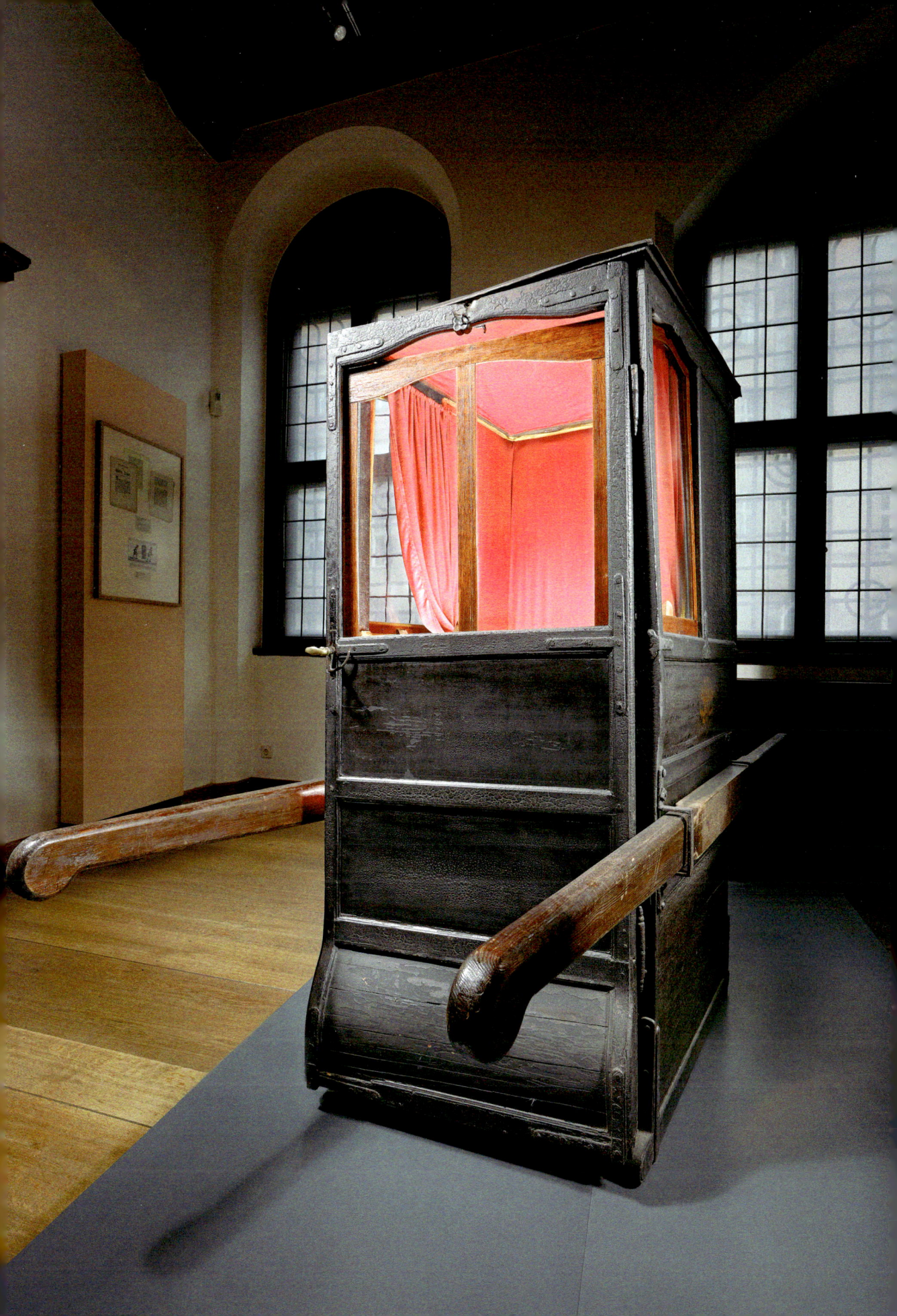

53 BETUCHTES BUCH
Stoffmusterbuch, 1787–1803

Handel und Messen sind flüchtige Geschäfte. Zeit ist Geld, Ware ist teuer, Wege sind dazu da, schnell zurückgelegt zu werden. Was von wem wann gehandelt und transportiert wurde, überdauert selten die Zeit. In früheren Jahrhunderten legte noch kein Finanzamt Aufbewahrungsfristen fest. Daher ist über die alltäglichen Routinen des Handels heute meist wenig bekannt. Oft stützen sich Rückblicke in die Geschichte auf zusammenfassende Berichte und Statistiken.

Aus solchen Quellen wissen wir auch, welche Bedeutung der Textilhandel zwischen Sachsen und anderen europäischen Ländern im Verlauf des 18. Jahrhunderts gewann. Abhängig von der politischen Situation ging es mit Importen und Exporten auf und ab, wobei man damals meist tatsächlich seinen gesamten Warenbestand mit nach Leipzig brachte und der Kunde ihn von dort weitertransportierte – jährlich Tausende Stoffballen oder Rohstoffe wie Wolle, Baumwolle, Seide. In Krisenjahren Deutschlands wie zum Beispiel im Siebenjährigen Krieg kam die Messe sogar zum Erliegen oder die spärlich eintreffenden Kunden konnten nicht zahlen.

Über die Bedeutung der Messe für den wirtschaftlichen Aufschwung Sachsens ließe sich viel erzählen. Viele der begehrten und preiswerten Tuche wurden aus England importiert. Dort hatte die Industrialisierung schon Mitte des 18. Jahrhunderts zum Einsatz immer besserer Maschinen geführt. Doch auch aus anderen Regionen kamen erfolgreiche Händler, vor allem aus Flandern, vom deutschen Niederrhein, aus Paris und Lyon. Sie standen oft in scharfer Konkurrenz zu mitteldeutschen Textilhändlern.

Während der aufwendige Transport ganzer Warenlager mit Kutschen das Bild der Messen bis in die Mitte des 19. Jahrhunderts prägte, brachten die Textilhändler eine Innovation nach Leipzig: Statt schwerer Ballen legte man in dieser Branche schon Musterbücher an, die dem Kunden die verfügbaren Stoffarten und Mengen an kleinen Proben vorführten. In unserer Sammlung findet sich solch ein über mehr als sechzehn Jahre lang geführtes Geschäftsbuch. Der offenbar ebenso gut Deutsch wie Englisch sprechende Händler trug hier ein, von welchen englischen Herstellern in und um Manchester er Stoffe einkaufte. Nach Kontrolle oder Bestellung strich er die Posten ab, auch viele Textilstückchen fehlen. Leider verrät das handgeschriebene Buch nichts über die Firma und ihren Bezug zu Leipzig. Immerhin gab es hier 1784 bereits neun Großhändler, die englische Tuche führten. So bleibt es bisher nur eine Vermutung, dass die offenbar über Hamburg verschickten Tuchbestellungen tatsächlich in Sachsen auf den Markt kamen. Mit diesem Musterhandel setzte sich zwar noch nicht der Versandhandel insgesamt durch, doch war ein erster Schritt in Richtung Vereinfachung gemacht. Erst 1894 legte das Leipziger Messamt den gesamten Messehandel anhand von Mustern fest und sicherte damit die bedeutende Position Leipzigs im internationalen Warengeschäft.

54 | FRIEDRICHS FESCHER WIND
Faltfächer, um 1790

Fächer sind längst aus der Mode gekommen. Für frische Luft im Sommer sorgen heute Ventilatoren oder Klimaanlagen. Daher sind sie nur noch selten als modisches Accessoire für die Dame zu sehen, wie es vor allem im 18. und noch bis ins 19. Jahrhundert üblich war. Damals erfrischten und schmückten sich die Damen der höheren Stände mit einem aufwendig verzierten Faltwedel, der gleichzeitig Sichtschutz war. Dahinter konnte man mit Freundinnen oder dem Geliebten heimliche Blicke tauschen.
Die junge Leipzigerin Rahel Johanna Erckel machte ihren Fächer zu einem ganz persönlichen Erinnerungsstück: Auf die Rückseite klebte sie 20 Widmungen von Verwandten und Jugendfreundinnen, die ihr Freundschaft versicherten, Glück wünschten und ihre weiblichen Tugenden lobten. Das war trotz der ungewöhnlichen Form doch sehr typisch für den gefühlvollen Freundschaftskult um 1800. Gerade deshalb wird der Fächer seit 1927 im Museum aufbewahrt. Zu Erckels Umfeld gehörten auch ihr Cousin Christian Gottfried Körner und dessen Frau Minna, die es als Freunde des jungen Dichters Friedrich Schiller zu Bekanntheit in der Literaturgeschichte brachten. Sie sind letztlich der Anlass dafür, dass es in Leipzig ein Schillerhaus gibt.
Beide hatten den armen, skandalumwitterten Dichter 1785 nach Leipzig eingeladen, ermutigten ihn und finanzierten seinen Lebensunterhalt. Auch wenn Schiller nur wenige Monate in Leipzig und im Dörfchen Gohlis als Sommergast in einem Bauernhaus verbrachte, war das für ihn eine produktive und glückliche Zeit. Im Austausch und ohne materielle Sorgen konnte er hier schreiben. Die weltberühmte Ode „An die Freude" ist ein echtes Leipziger Produkt.
Die Begeisterung der jungen Leipziger für die Freiheits- und Freundschaftsdichtungen Schillers teilte damals die ältere Generation nicht. Zu revolutionär! Kritik an Fürstenwillkür, Freiheitskämpfe und Lob von Bürgertugenden ziehen sich durch das Werk. Schiller zu zitieren war daher auch in den folgenden Jahrzehnten in Deutschland immer ein Zeichen für Unzufriedenheit mit den herrschenden Verhältnissen, der fehlenden Demokratie. So bekam Schillers Leben und Schreiben in Leipzig in der Restaurationszeit um 1840 wieder eine große Bedeutung. Wie andere deutsche Fürsten verfolgte auch der sächsische König alle demokratischen Aktivitäten und politischen Bestrebungen. Als Ventil entstand hier ein regelrechter Schillerkult. Vordergründig harmlos-literarisch, organisierte der Theatersekretär Robert Blum 1840 das erste öffentliche Fest zum Geburtstag des Dichters. Die Reden damals sprachen unverblümt von Presse- sowie bürgerlichen Freiheiten und deutscher Einheit. So wurden die jährlichen Feste zu politischen Ersatzveranstaltungen. Sie bereiteten die 1848er Revolution vor, bei der der wortgewaltige Robert Blum eine große Rolle spielen sollte.
Das Bauernhaus mit Schillers ehemaliger Ferienwohnung wurde von den Aktivisten ebenfalls aus dem Dornröschenschlaf geweckt. Der 1841 gegründete Schillerverein brachte dort zunächst eine Gedenktafel an und richtete eine Erinnerungsstube ein. 1856 kaufte der Verein das Haus und machte es zu einem Museum, in dem auch dieser Fächer seinen Platz fand.

19. JAHRHUNDERT

19. JH.

55 | MUSÉE EN MINIATURE
Die Gemäldesammlung Carl Gottfried Wincklers,
Christian Friedrich Wiegand, um 1800

Museen, wie wir sie heute kennen, sind eine relativ neue Erfindung. Ihre Vorläufer sind die Sammlungen an Fürstenhöfen, später auch die von reichen Bürgern in den Städten. Bereits im 16. und 17. Jahrhundert entstanden Naturalienkabinette, in denen man sich der Erforschung und Beschreibung von Naturphänomenen aller Art widmete. Gesammelt wurden zum Beispiel Mineralien, Muscheln, Fossilien, Insekten, aber auch Missbildungen und andere außergewöhnliche Funde. Im 18. Jahrhundert entstanden zunehmend reine Kunstsammlungen.

Leipzig als Universitäts- und Handelsstadt war reich an bürgerlichen Sammlungen. Leider ist keine von ihnen im ursprünglichen Zustand erhalten, jedoch haben es viele Schätze daraus in die Museen geschafft. Von einer der bedeutendsten Kunstsammlungen Leipzigs können wir uns heute noch eine Vorstellung en miniature machen, weil der Leipziger Künstler Christian Friedrich Wiegand sie detailliert abgezeichnet hat. Es ist die Kunstsammlung des angesehenen Leipziger Rats- und Handelsherrn Carl Gottfried Winckler. 1768 ließ Winckler seine Sammlung katalogisieren. Sie umfasste 628 Gemälde. Bis zum Tod des Besitzers soll sich die Anzahl auf über 1000 erhöht haben. Außerdem gehörten zur Sammlung um die 80 000 Kupferstiche, ein Gemmenkabinett, Zeichnungen sowie eine große Bibliothek.

Der größte Teil der Sammlung war in Wincklers Haus „Zum goldenen Helm" in der Katharinenstraße 22 untergebracht. Es war regelmäßig mittwochs nachmittags für Besucher geöffnet, es gab einen Kustos, der auch den Katalog schrieb, und einen Aufseher. Ein Teil der Gemälde befand sich im Gartenhaus der Familie in der Nähe des Schwanenteichs, hinter der heutigen Oper. Nach Wincklers Tod 1795 teilten seine drei Söhne die Sammlung unter sich auf, nach und nach wurden die Kunstwerke verkauft oder versteigert.

Insgesamt sind es acht Aquarelle von Wiegand, die die Gemäldesammlung des Gartenhauses wiedergeben. 218 Gemälde kopierte er damit und dokumentierte zugleich die historische Hängung, wie sie zum Beispiel Johann Wolfgang Goethe erlebte, der sich in seiner Leipziger Studentenzeit im Gästebuch verewigte.

Durch den Vergleich mit dem Katalog von 1768 konnten alle Gemälde auf den Aquarellen Wiegands identifiziert werden, einige befinden sich heute im Leipziger Museum der bildenden Künste, andere sind in alle Welt verstreut. Darunter sind Werke von Anthonis van Dyck, Jacob Jordaens, Albrecht Dürer und Canaletto.

Das größte Gemälde, das auf unserem Ausschnitt zu erkennen ist, gehört heute dem Stadtgeschichtlichen Museum. Es stammt vom Leipziger Künstler und Gründungsdirektor der Leipziger Kunstakademie Adam Friedrich Oeser und zeigt in einer schaurig erleuchteten nächtlichen Szene, wie der alttestamentarische König Saul zu einer Hexe geht, um sich die Zukunft deuten zu lassen: Sie kündigt ihm seinen eigenen baldigen Tod in einer Schlacht an.

56 AM PULT DER ZEIT
Dirigentenpult aus dem Alten Gewandhaus, nach 1800

Eine Legende in Leipzig – ein Genie im Gewandhaus! Am 12. Mai 1789 gab Wolfgang Amadeus Mozart hier sein einziges Konzert. Dabei soll er an diesem Pult gestanden haben, so hieß es jedenfalls über 150 Jahre lang. Ein überlieferter Programmzettel verrät, was gespielt wurde und wer die Sopranpartie gesungen hat, ein Zeitzeuge berichtet, wie schlecht das Konzert besucht war. Was wir jedoch nicht wissen ist, ob Mozart tatsächlich von diesem Pult aus dirigiert hat. Es ist stark zu bezweifeln.

Dennoch gilt das schlichte Stück aus grau lackiertem Holz mit dem schwenkbaren Kerzenhalter aus Eisen als eine „Reliquie" der Leipziger Musikgeschichte. Dazu trug vor allem die später in der Mitte der Notenablage eingelassene Zinnplatte bei. Dort sind die Namen all derjenigen eingraviert, die einst an diesem Notenpult gestanden haben sollen. Zuerst sind die Leiter der „Gewandhauskonzerte 1781 bis 1884" aufgeführt, von denen Felix Mendelssohn Bartholdy der berühmteste ist. Unter der Rubrik „Ferner dirigierten" finden sich weitere klangvolle Musikernamen, Komponisten und Dirigenten von Weltruf wie Carl Maria von Weber, Johannes Brahms, Johann Strauss, Robert Schumann, Hector Berlioz, Franz Liszt, Richard Wagner, Hans von Bülow, Edvard Grieg oder Arthur Nikisch. Diese Rubrik wird vom großen Wiener Klassiker Mozart angeführt. Die Gravur vermittelt den Eindruck, dass das Notenpult zum Inventar des Konzertsaals im ersten Gewandhaus gehörte, und zwar von seiner Eröffnung 1781 bis zur Schließung im Jahr 1884. Über ein Jahrhundert Gewandhausgeschichte hätte es demnach miterlebt – aber kann das stimmen?

Fest steht, dass das Pult tatsächlich als einmaliges und kostbares Relikt aus jenem ersten Gewandhaus gilt, dem das berühmte Leipziger Orchester seinen Namen verdankt: Das dreiflügelige Gebäude, in dem die Stadt den ersten Leipziger Konzertsaal bauen ließ, war die Gewerbehalle der Tuchhändler. Von diesem Pult aus sind vermutlich zum ersten Mal Werke dirigiert worden, die heute Klassik-Ohrwürmer sind: Schuberts große C-Dur-Sinfonie, Mendelssohns Violinkonzert, Schumanns „Frühlingssinfonie" oder Wagners Meistersinger-Ouvertüre, letztere vom „Meister" höchstpersönlich geleitet. Aber Mozart am Dirigentenpult? Und die frühen Gewandhauskapellmeister? Sehr unwahrscheinlich. Das moderne Bild der Dirigentenpersönlichkeit mit dem Taktstock vor dem Notenpult, wie wir es heute kennen, begann sich erst Anfang des 19. Jahrhunderts herauszubilden. Vorher wurde vom Cembalo oder von der Ersten Geige aus dirigiert; der Kapellmeister teilte sich die musikalische Leitung mit dem Konzertmeister. Erst Mendelssohn war es, der bei seinem Amtsantritt als Gewandhauskapellmeister 1835 diese Arbeitsteilung aufhob und und die Konzerte allein, von vorn und mit einem Taktstock dirigierte. Möglich, dass dieses Notenpult zu den neuen Insignien musikalischer Machtausübung gehörte und eigens dafür angeschafft wurde. Einen Nachweis gibt es dafür allerdings bislang nicht. Nach dem Umzug des Gewandhausorchesters 1884 in das neu errichtete Konzerthaus südwestlich der Altstadt wurde das Pult wohl ausgemustert. Es sollte jedoch der Nachwelt erhalten bleiben und wurde vermutlich deshalb mit jener Metallplatte versehen, die es auch heute noch als großes Zeugnis der Gewandhausgeschichte adelt.

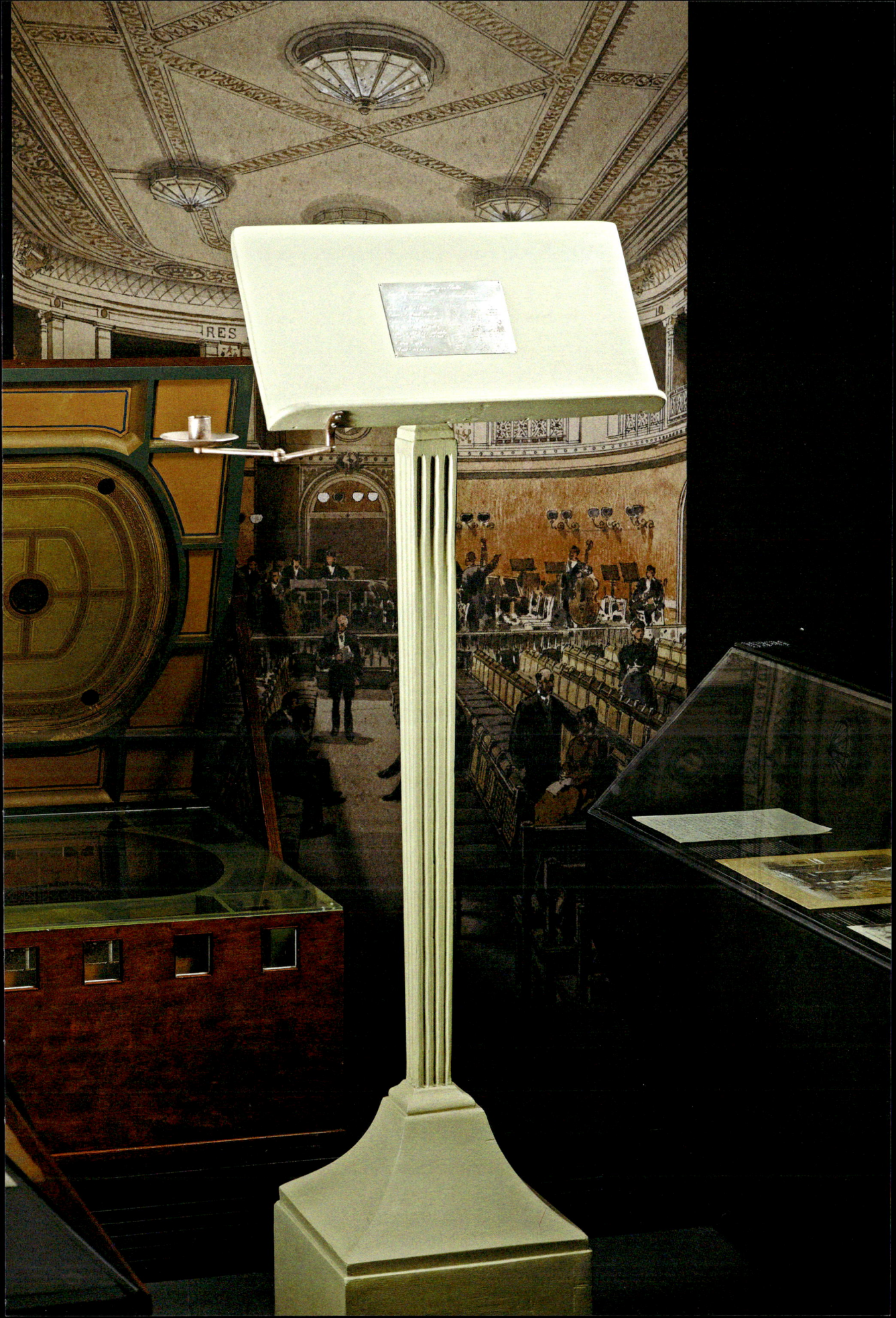

57 | DAUERBACKWARE MIT HINTERGRUND
Brötchen, 1813

Was machen Sie mit altbackenen Brötchen? Arme Ritter? Wir legen sie ins Museum!
Europas ältestes Brötchen wurde 1952 in Norddeutschland gefunden und hat mindestens 2500 Jahre auf der Kruste. Und was kann uns das Backwerk nicht alles berichten: dass es aus Weizenmehl besteht, ohne Hefe gebacken wurde und bereits die charakteristische Mittelkerbe besaß.
Auch unser Stück Kleingebäck ist äußerst mitteilsam, wenngleich nicht ganz so alt. Als es in der Nacht auf den 19. Oktober 1813 einen Leipziger Ofen verließ, dürfte es vom Donner der Kanonen und zahllosen Gewehrschüssen empfangen worden sein. Kein Salut zu Ehren sächsischer Backkünste, sondern der erbarmungslose Schlussakkord der bis dahin größten Feldschlacht der Menschheitsgeschichte. Bereits Tage zuvor hatte das Gemetzel begonnen. Napoleon und seine Alliierten auf der einen, Russen, Preußen, Österreicher und Schweden auf der anderen Seite, rund eine halbe Million Soldaten aus ganz Europa, begierig, sich gegenseitig umzubringen und damit das künftige politische Schicksal des Kontinents zu entscheiden. Als unser Brötchen zum Auskühlen auf dem Backbrett lag, war Napoleon schon nahe auf Leipzig zurückgedrängt worden. Heute nun sollte der Kampf unmittelbar um die Stadtmauern beginnen. An einen Sieg glaubte der Kaiser von Frankreich nicht mehr, auch nicht die mit ihm verbündeten Sachsen. Napoleon ließ seine Armee bereits aus Leipzig abziehen. Die Sachsen blieben, die waren ja hier zu Hause. Zusammen mit Polen, Italienern und deutschen Landsleuten sollten sie die Angreifer hinhalten, bis Napoleon weit genug weg war. Sie taten das recht lust- und erfolglos. Gegen Mittag waren die ersten Angreifer in der Stadt, wenige Stunden später war die Schlacht geschlagen.
Der Triumph über Napoleon hatte mehr als 90 000 Menschen das Leben gekostet. Über Wochen hinweg war es nun Aufgabe der Leipziger, sie zu beerdigen. Die Getreidefelder rund um die Stadt wurden zu Totenäckern. Sorge bereitete der nahe Winter. Die Kriegsfurie hatte zügellos in den Dörfern gehaust. Eine halbe Million Menschen hatte essen wollen. Vorräte und Vieh waren ebenso verschwunden wie Saatgetreide und Winterkartoffeln. Schon während der Schlacht herrschte Brotmangel, auch bei den Franzosen. Der französische Stadtkommandant sandte gar einen Boten mit zwei Goldstücken ins Rathaus, ihm dafür aus alter Freundschaft ein Kommissbrot zu verschaffen. Für die Summe hätte man in Friedenszeiten fast eine ganze Bäckerei kaufen können. Ob der Franzose sein Brot bekam, ist nicht überliefert. Den Sachsen selbst ging es auch nicht besser. Während der Schlacht empfing eine Artillerieabteilung ihre Verpflegung, immerhin drei bis vier Pfund Brot. Die Abteilung bestand aus 84 Mann! Wie unter solchen Umständen unser Memorialgebäck überlebt hat, ist nicht geklärt. Wahrscheinlich ist es irgendwie vergessen worden.

58 | WER SCHIESST DEN VOGEL AB?
Stechvogel, um 1820

In einem rasanten, bodennahen Flug erjagt der Habicht seine Beute, weshalb er früher auch Pfeilfalk, Stößer oder Stechvogel genannt wurde. Ob er Namensgeber für das Stechvogelschießen war, ist nicht überliefert. Man kann sich aber vorstellen, wie unser gusseiserner Vogel mit den ausgebreiteten Schwingen ebenfalls pfeilschnell auf sein Ziel zustößt. Mit seinem Gewicht von 1,6 Kilogramm und dem spitzen Schnabel entwickelt er dabei eine zerstörerische Wucht. Gotthold August Weber nennt ihn 1820 in seiner Publikation „Sechzig Kinderspiele für alle vier Jahreszeiten" den „Zertrümmerungsvogel". Ein Kinderspiel?

Das Stechvogelschießen kam vermutlich Ende des 18. Jahrhunderts aus Frankreich nach Deutschland. Seine Ursprünge sollen noch vor 1700 in Flandern liegen. Seit Weber 1820 wurde es in vielen deutschen Spielesammlungen ausführlich beschrieben. Der Leipziger Universitätsfechtmeister Johann Adolf Ludwig Werner empfahl es 1834 in seinem Buch „Gymnastik für die weibliche Jugend" als „zweckmäßige und zugleich belustigende Vorübung zum Zielwerfen und Zielschießen … für die jüngsten Mädchen". Der Naturforscher Gotthilf Heinrich Schubert zählte es 1837 zu den „Beschäftigungen für die Jugend aller Stände zur Gewöhnung an zweckmäßige Thätigkeit zur erheiternden Unterhaltung". Stechvogelschießen wurde zu einem beliebten Programmpunkt vieler Volksfeste.

So war es auch beim Schillerfest 1847 in Leipzig. Das überregionale Journal „Die Mode. Zeitung für die elegante Welt" berichtete 1847 in ihrer Nummer 29, dass Robert Blum nach seiner Rede „von der Bühne aus die Kinder nach den verschiedenen Spielplätzen (wies), die sie sich nach eignem Gefallen wählen konnten. … Hier lockten zwei große Schießvögel, ein Stern, eine Scheibe und ein Stechvogel; dort winkten Prämien dem, welcher am schnellsten laufen, am höchsten springen, am geschicktesten den Reifen werfen konnte; an andern Orten war das Sackhüpfen und der sogenannte Hahnenschlag vorbereitet; anderwärts waren Figuren aufgestellt, welche mit Bällen getroffen werden sollten, und über alle diese Spiele ragten drei mit reichen Tüchern behangene Kletterstangen empor …".

Anfangs wurde der Schnabel des Stechvogels auf einen hölzernen Vogel ausgerichtet, der auf einer größeren Scheibe befestigt war. Es galt, den Vogel abzuschießen, wie schon seit Jahrhunderten beim traditionellen Vogelschießen üblich. Der Stechvogel ersetzte aber nicht nur den Bolzen der Armbrust oder die Gewehrkugeln, er war Spielgerät für ein neues, weniger gefährliches Vergnügen, bei dem auch die Mädchen mitspielen konnten. Vielleicht ist unser Stechvogel deshalb so schön bemalt.

Durch die Öse auf seinem Rücken wurde eine Schnur gezogen und an einem Gestell über dem Ziel befestigt. Die Fadenlänge richtete sich nach dem anvisierten Punkt auf dem Körper des hölzernen Vogels, auf dem Stern oder der Zielscheibe. Mit einem Faden an der Öse am Schwanzende steuerte der Spieler die Flugbahn des Stechvogels. Es erforderte Übung und Geschick, den gewünschten Punkt genau mit dem Schnabel zu treffen.

Bei Schützenfesten lebte das Spiel in Deutschland wieder auf. Und das Flandrische Sportmuseum im belgischen Hofstade lädt noch heute Gäste ein, sich im Stechvogelschießen zu probieren.

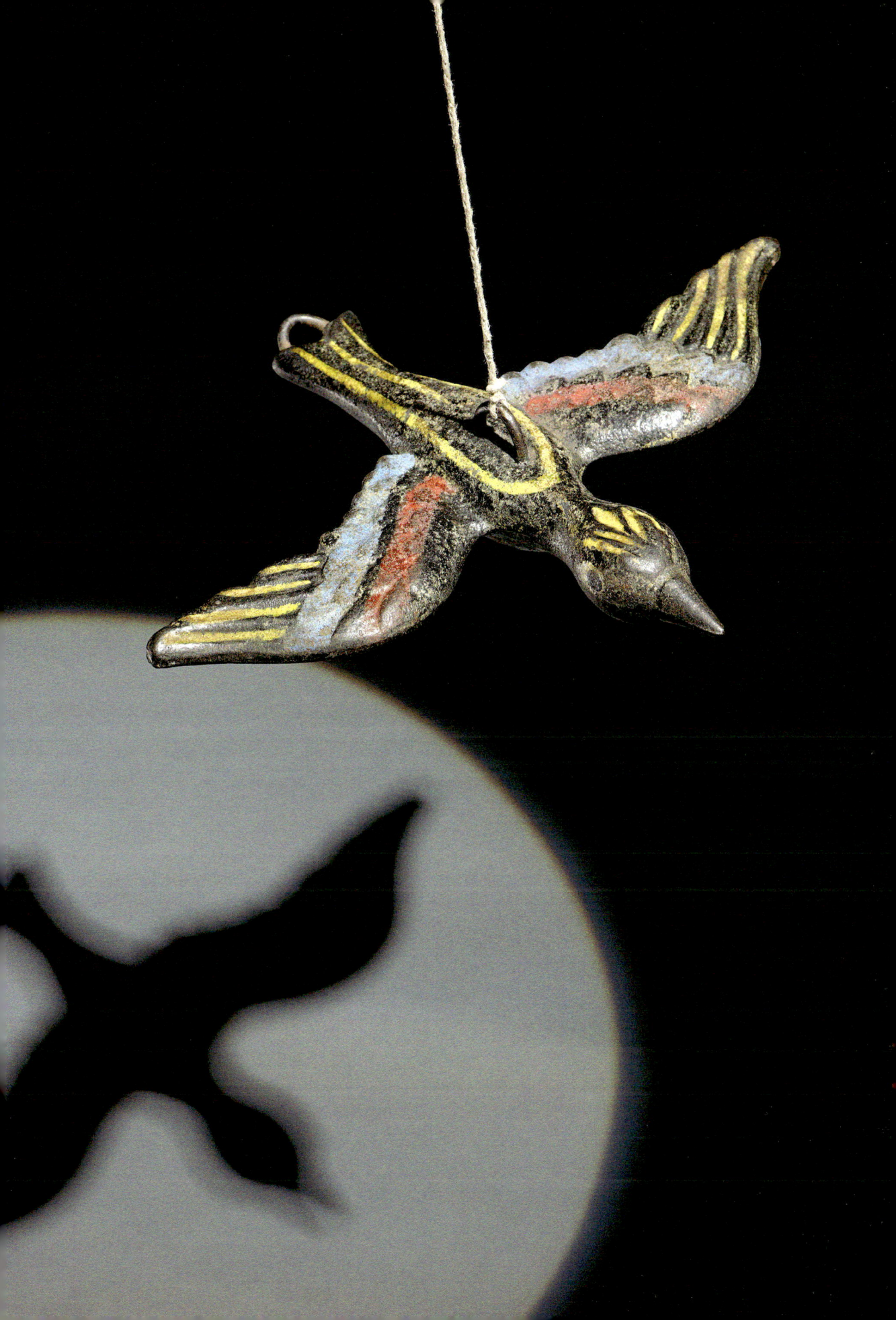

59 | KAFFEE MIT AUSSICHT
Meissener Kaffeeservice mit Leipziger Stadtansichten, um 1820

Heißer, dampfender Kaffee ergießt sich aus einem vergoldeten Drachenmaul in schneeweiße, mit breitem Goldrand verzierte Tassen. Es duftet nach frisch gemahlenen, aufgebrühten Bohnen, und es wird Milch und Zucker gereicht. Leises Klirren ertönt, wenn die Gäste ihren Kaffee umrühren und ein munteres Gespräch beginnen …

Das Zentrum des hier beschriebenen Kaffeeklatsches ist die Kaffeekanne – damit kommt das schwarze Gold auf den Tisch. Hergestellt wurde das zehnteilige Service, zu dem die Kanne gehört, um 1820 in der Porzellan-Manufaktur Meissen, dekoriert ist es mit alten Leipziger Stadtansichten, umrahmt von Streublüten und Goldrändern. Es müssen unzählige Kaffeekränzchen gewesen sein, bei denen sich die Gäste das heiße Getränk schmecken ließen, denn die Goldränder sind stellenweise stark berieben. Der Kaffee hat den Sachsen schon immer besonders gut geschmeckt. Nicht umsonst werden sie scherzhaft „Kaffeesachsen" genannt.

Jeweils an der Unterseite der einzelnen Stücke finden sich Inschriften, die die aufgemalten Motive noch einmal betiteln. Heute gehört zum Kaffeekränzchen wie selbstverständlich ein Stück Kuchen – im Biedermeier um 1820, als das Kaffeeservice hergestellt wurde, war diese Sitte noch nicht üblich. Der Kaffee war ein pures Vergnügen. Erst gegen Mitte des 19. Jahrhunderts lieferten die Porzellanmanufakturen Kuchenteller zu den Services.

Wer die abgebildeten Motive betrachtet, fühlt sich in eine andere Zeit versetzt, denn die meisten Ansichten sind nicht mehr vertraut. Die Kaffeekanne zeigt uns die Pleißenburg, heute steht dort das Neue Rathaus. Auf Milchgießer und Schale sieht man das Peterstor und das Hallische Tor. Das Barfußpförtchen und die Thomaspforte sind auf der Zuckerdose abgebildet – alles ehemalige Zugänge zur Innenstadt, die heute verschwunden sind. Anhand der Motive auf den Tassen könnte man einmal in Leipzig herumwandern: beginnend beim Grimmaischen Tor (Augustusplatz), weiter über den Schneckenberg, wo heute die Oper steht, und vorbei am Parkteich (Schwanenteich). Dann sehen wir die Rosenthalbrücke, wenden uns der Thomaskirche zu und beenden unseren kleinen Standrundgang „vom Sofa" aus mit dem Pleißenburgtor.

Aber nicht nur daheim in der trauten Biedermeier-Stube ließen sich die Leipziger ihren Kaffee schmecken. Beliebte Treffpunkte waren bekannte Kaffeehäuser wie „Zum Arabischen Coffe Baum", eines der ältesten Kaffeehäuser Deutschlands, in dem man schon seit 1711 Kaffee ausschenkte, oder das „Zimmermann'sche Kaffeehaus", wo Johann Sebastian Bach regelmäßig zu Gast war und der Kaffee ihn zur berühmten „Kaffee-Kantate" inspirierte: „Ey! Wie schmeckt der Coffe süße." Auch das „Café Francais" am Augustusplatz – später Café Felsche genannt – bot wie die anderen Kaffeehäuser Spiel und Unterhaltung. Die Kaffeehausbesucher widmeten sich dem Billard-, Karten- oder Schachspiel, lasen Zeitung und erfuhren den neuesten Klatsch.

Noch heute genießen die Leipziger und ihre Gäste das heiße Getränke im „Café Riquet" mit den beeindruckenden Elefantenköpfen an der Hausfassade, dem „Café Richter" oder dem „Café Corso". Und auch im „Arabischen Coffe Baum" kann man nach wie vor Kaffeetrinken gehen – und in den historischen Galerieräumen durchs Kaffeemuseum schlendern.

60 MODELL AUF REISEN
Stadtmodell, Johann Christoph Merzdorf, 1822

Die Stadtväter Leipzigs waren schon immer ihrer Zeit voraus. Bereits 1547 wünschten sie sich ein dreidimensionales Panoramabild ihrer Stadt. Diese neue Art der Stadtdarstellung entwickelte sich jedoch erst gegen Ende des 18. Jahrhunderts.

Das Stadtmodell hat eine bewegte Entstehungsgeschichte: Der Leipziger Möbeltischler und Tapezierer Johann Christoph Merzdorf erwarb 1816 für dreihundert Taler ein unfertiges Modell, welches sich jedoch als nicht maßstabsgerecht erwies. Deshalb beauftragte Merzdorf 1820 den Wiener Geodäten Michael Putz mit neuen Vermessungsarbeiten. Dieser vermaß 1422 Häuser, in denen 39 325 Einwohner lebten. Viele der Bürger beäugten die Arbeit skeptisch, denn sie befürchteten nach der Vermessung die Einführung einer Fenstersteuer. Der Perlmutt- und Elfenbeinschnitzer Karl Geißler arbeitete an der Modellierung und der Gestaltung, er schuf Repliken der berühmten Lust- und Ziergärten sowie der Promenadenanlagen. Häuser, Mauern, Türme, Tore und Brücken wurden aus selbst hergestellter Pappe gefertigt. Beim Sammeln von Hölzern, Moosen, Gräsern, Trockenblumen und Flechtwerk beteiligten sich zahlreiche Helfer. Maßstabsgetreu entstand so die dichte Bebauung Leipzigs mit ihren typischen hohen Handelshäusern, die Bürgerstadt en miniature.

1822 zur Michaelismesse fertig gestellt, ging das Modell ab 1823 auf Reisen und entpuppte sich als Messeattraktion und Publikumsmagnet, denn Reisen im 19. Jahrhundert war schwierig, unbequem und vor allem teuer. Großer Beliebtheit erfreuten sich daher Bilder mit Ansichten bekannter Städte. Am attraktivsten aber war natürlich ein richtiges Modell. Merzdorf zeigte es unter anderem in Dresden und Berlin. Zurückgekehrt nach Leipzig, konnten es Neugierige für den Eintrittspreis von vier Groschen am Roßplatz bewundern. 1825 verkaufte Merzdorf das Modell an Johann Friedrich Dessy. Warum es ins Hinterzimmer einer Gastwirtschaft gelangte, dort unbeachtet lagerte und vergessen wurde, ist nicht überliefert. Später galt es sogar als verschollen. Erst 1874 wurde es auf einem Dachboden zufällig wieder entdeckt und vom Verein für die Geschichte Leipzigs erworben. Nach einer Überarbeitung fand es letztlich seinen Weg ins Museum.

Die Reise des Stadtmodells endet damit im Stadtgeschichtlichen Museum. Mit dessen Gründung 1909 erhielt das Modell seinen Platz im Alten Rathaus. Auf einer Fläche von etwa 25 Quadratmetern begrüßt es den Museumsbesucher gleich zu Beginn des Rundgangs im Festsaal. Als Herzstück der Ständigen Ausstellung dient es heute als anschauliche historische Quelle für den Leipziger Städtebau zu Beginn des 19. Jahrhunderts.

61 | MENDELSSOHN PRIVAT
Möbel von Felix Mendelssohn Bartholdy, um 1830

Geht es jetzt um den Tisch oder das Biedermeier-Sofa? Oder die beiden Stühle oder gar den Tizian an der Wand? Der Tizian ist nicht einmal ein echter Tizian, aber es geht trotzdem um ihn. Genauso wie um die blaue Couchgarnitur und den Mahagoni-Tisch mit den edlen Messing- und Bronzebeschlägen. Denn dies alles und einiges mehr gehörte zum „Mendelssohn-Zimmer". Ein kleines Bernsteinzimmer der Musikgeschichte, das zum Glück nicht verloren ging.
Der Reihe nach. Im Jahr 1969 wurde dem Museum für Geschichte der Stadt Leipzig eine Sensation angeboten. Es handelte sich um den Familiennachlass von Hugo Wach. Hugo Wach war ein Enkel von Elisabeth Wach, die vor ihrer Heirat den Namen Mendelssohn trug. Sie war die jüngste Tochter Felix Mendelssohn Bartholdys, des Komponisten der „Italienischen" und „Schottischen" Sinfonie, des Oratoriums „Elias" und des berühmten „Hochzeitsmarsches". Sie wurde 1845 in der Königstraße 3 in Leipzig geboren, zwei Jahre vor dem frühen Tod des Vaters. Der Nachlass war mithin nicht irgendein Nachlass einer großbürgerlichen Leipziger Familie. Er kam zu guten Teilen aus dem Hause des großen Gewandhauskapellmeisters.
Was für ein Schatz! Denn Mendelssohn spielte für die Musikstadt Leipzig nicht nur als Komponist eine wesentliche Rolle. Als Dirigent formte er ab 1835 das Leipziger Traditionsorchester zu einem hochkarätigen Klangkörper, als Initiator war er maßgeblich an der Gründung des ersten deutschen Konservatoriums in Leipzig beteiligt und als leidenschaftlicher Fürsprecher der Musik Bachs trieb er die überfällige Wiederentdeckung des Thomaskantors voran.
Im November 1970 wurde im Alten Rathaus das „Mendelssohn-Zimmer" eröffnet. Mit diesem Raum wurde eine Gedenkstätte geschaffen, die – inmitten einer auf Arbeiterbewegung und Sozialismus ausgerichteten musealen Geschichtsdarstellung – eine kleine Oase mit dem Flair eines großbürgerlichen Salons bildete. Zu sehen waren dort Möbel, Gemälde und persönliche Erinnerungsstücke des Komponisten. Auch die Bilder, die Mendelssohn zur Erinnerung an seine Italienreise bei einem Maler in Auftrag gegeben hatte, hingen an der Wand. Darunter war eine Kopie der „Mariä Himmelfahrt" von Tizian, die Mendelssohn einst als junger Bildungsreisender in Venedig bewundert hatte. Das Zimmer war der Versuch, dem Geschmack der Familie Mendelssohn nachzuspüren sowie ihre unmittelbare private Lebenswelt zu vermitteln.
Als im Jahr 1997 nach langer Sanierung das ehemalige Wohnhaus Mendelssohns in der Goldschmidtstraße 12 eröffnet werden sollte, stellte das Stadtgeschichtliche Museum sein „Mendelssohn-Zimmer" als Dauerleihgabe zur Verfügung. Dort kann man nun nachempfinden, was der Komponist Louis Spohr nach einem Besuch der Mendelssohns im Juni 1846 berichtete: „In ihrer Einrichtung und ganzem Wesen herrscht neben allem Luxus und Reichthum eine so reizende Anspruchslosigkeit, daß man sich sehr wohl dabei befinden muß."

62 BLICK IN DIE ZUKUNFT
Eisenbahnbrille, um 1840

Ein Schatz muss nicht teuer aussehen. Er kann auch ein Alltagsgegenstand sein, etwas Unscheinbares, einfach Nützliches. Diese Reisebrille zum Beispiel. Sie hat kein edles Design, ist einfach ein Stück schlichtes grünes Leder mit zwei runden Löchern für Augengläser. Eines ist sogar im Lauf der Zeiten gesprungen, die Risse sind gut zu sehen. Diese Maske wurde mit einem elastischen Metallband um den Kopf gezogen, so wie heute eine Skibrille. Sie ist also einfach ein Schutz für die Augen, kein Modeaccessoire. Und doch ist sie heute sehr selten, wahrscheinlich die einzig noch erhaltene Schutzbrille aus der frühen Eisenbahnzeit. Nach 1840, als diese neue Ära anbrach, gab es Tausende davon. Als erste Ferneisenbahn in Deutschland verkehrten seit 1839 Züge zwischen der Landeshauptstadt Dresden und Leipzig. Dieser Fernverkehr war die wichtigste Grundlage für die rasche industrielle Entwicklung Leipzigs. Sie wurde nur möglich, weil Geldgeber aus Industrie und Handel und nicht zuletzt der Leipziger Rat die Verbindung wollten. Deutschland war damals noch in viele Kleinstaaten zersplittert, deren Fürsten auf Transporte Zölle erhoben, doch für die Entwicklung von Industrie und Handel war das ein großes Hindernis. Mit politischem Rückenwind durch den gerade gegründeten Deutschen Zollverein begannen vorausdenkende Manager wie Friedrich List, die privat finanzierte Bahnstrecke einzurichten.

Doch was hat diese kleine Brille mit der großen Geschichte zu tun? Sie steht für den Siegeszug des neuen Transportmittels. Für die Menschen damals revolutionierte das Dampfross vor allem ihre Erfahrung des Landes. Vor der Einrichtung der Bahnstrecke hatte die holprige und teure Kutschreise nach Dresden mindestens zwölf Stunden gedauert. Das war schon Express, meist rechnete man mit drei Tagen. Nur wenige konnten sich das leisten, und so mussten die meisten, wenn sie es überhaupt taten, zu Fuß reisen. Nun aber konnte man in einen Wagen einsteigen, der von einer schnaufenden, qualmenden und vergleichsweise rasenden Lokomotive gezogen wurde. In nur noch knapp vier Stunden bewältigte sie die Strecke nach Dresden, auch wenn es in der Anfangszeit vielen dabei unheimlich war. Unfälle und Pannen kamen häufig vor. Und machte es nicht krank, so rasch so viele Eindrücke verarbeiten zu müssen? Es gab erbitterte Diskussionen, die wir heute ähnlich um den Siegeszug des Internets in unserem Leben führen.

Doch wozu brauchte man die Brille? Die rasante Fahrt mit etwa dreißig Kilometern in der Stunde erzeugte ordentlich Fahrtwind. Die Passagiere in der ersten und zweiten Klasse mussten sich kaum schützen, sie saßen in geschlossenen Wagen wie in Kutschen oder konnten Vorhänge vor die Fenster ziehen. Die meisten Fahrgäste reisten jedoch in der dritten Klasse in völlig offenen Wagen und bekamen tränende Augen von Qualm und Fahrtwind. Kalt war es obendrein. Also trug man dicke Mäntel und kaufte sich solche Schutzbrillen, um Landschaften und Orte ansehen zu können.

Kaum etwas ist von dieser frühen Zeit des modernen Verkehrs heute noch erhalten. Schon vor 1860 ersetzten die Bahngesellschaften die offenen gegen geschlossene Wagen. Die Eisenbahnbrille hatte eine kurze Lebenszeit und wurde von den meisten weggeworfen oder anderweitig verwendet. Das Stadtgeschichtliche Museum hat diese Brille 1925 von einem alteingesessenen Leipziger erhalten, dessen Vater sie in seiner Kindheit bei Bahnreisen getragen hatte.

63 | AUF DIE BARRIKADEN!
Uniformrock der Leipziger Kommunalgarde des
Friedrich Alexander Gontard, 1848

Am Morgen des 7. Mai 1849 zog der Leipziger Kaufmann Konsul Friedrich Alexander Gontard eine schmucke russisch-grüne Uniform an, schnallte den Säbel um, vervollständigte den schmissigen Aufzug mit einer topfartigen Kopfbedeckung aus Filz und verließ sein Haus. Wenige Stunden später war er tot. Unruhig waren die Jahre 1848 und 1849 in ganz Europa. Auch in Leipzig riefen die Bürger nach demokratischen Grundrechten und nationaler Einheit. Von hier aus waren im März 1848 massive Reformforderungen nach Dresden gegangen, die vorsichtige politische Neuordnungen bewirkten. Von hier aus zogen die beiden Leipziger Robert Blum und Carl Biedermann ins Frankfurter Parlament, und eben hier versuchten zahlreiche Leipziger, die Revolution zu retten, als sie ihnen bereits verloren schien. 1849 kam es zu verzweifelten Straßenkämpfen.

Unangenehme Erfahrungen mit politischen Unruhen hatten den sächsischen König schon 1830 bewogen, in seinen wichtigsten Städten Bürgerwehren, sogenannte Kommunalgarden, aufzustellen. Im Falle eines Falles sollten fortan Bürger unter ihresgleichen für Ruhe und Ordnung sorgen. In Leipzig zählte die Truppe aus Kaufleuten, Buchhändlern und verschiedenen anderen Berufsgruppen mehr als zweitausend Mann, unter ihnen auch der Konsul. In den ersten achtzehn Jahren ihrer Existenz kam die Garde vornehmlich dort zum Einsatz, wo ein paar schneidige Wachposten für eine eindrucksvolle Optik sorgen sollten. Und hatte wirklich einmal jemand des abends zu intensiv dem absonderlichen Leipziger Bier, das unter dem Namen Gose völlig unverdiente Berühmtheit erlangte, zugesprochen und sich dann ungebührlich betragen – schon liefen sie den grünen Freizeitsoldaten auf Streife in die Arme. Die sorgten dafür, dass es rasch wieder ruhiger wurde.

Anfang Mai 1849 hatten die Auseinandersetzungen um die Annahme einer sächsischen Verfassung ihren Höhepunkt erreicht. Aufgebrachte bewaffnete Leipziger versuchten die Regierung unter Druck zu setzen. Etliche Kommunalgardisten wechselten die Seite, andere aber sahen ihre Hauptaufgabe in der Niederschlagung der „Revolte".

Inzwischen war es zu Barrikadenkämpfen gekommen. Den königstreuen Gontard hatte es mit seiner siebenten Kompanie vor die Barrikade in der Grimmaischen Straße verschlagen. Es kam zum Schusswechsel. Auf der Barrikade fanden ein Schlossergeselle und ein Theatersouffleur den Tod. Bei den Gardisten trafen die Kugeln erst einen uniformierten Schneidermeister. Konsul Gontard wurde in einem nahen Geschäftshaus getroffen. Die Kugel durchschlug die Uniform des Kaufmanns auf der rechten Brustseite und tötete ihn.

Mit dem bei Wien standrechtlich erschossenen Robert Blum hatte die Revolution bereits sechs Monate zuvor einen prominenten Leipziger Märtyrer. Nun gab es auch einen auf der anderen Barrikadenseite. Vom Dienstmädchen Emilie Dreßler, das bei einer Besorgung in der Nähe eine verirrte Kugel gleichfalls ums noch junge Leben brachte, sprach niemand.

64 | GEWAGT

Daguerreotypie mit erotischer Szene, Bertha Wehnert-Beckmann, um 1855

Der künstlerisch dargestellte Akt hat zu allen Zeiten und überall auf der Welt eine wichtige Rolle gespielt. Davon zeugen bereits archäologische Funde. Erinnert sei hier nur an die Ausgrabungen von Pompeji, die Bilder ans Licht brachten, die an Deutlichkeit nichts zu wünschen übrig lassen. Erotische Gemälde, Skulpturen und Nippes gehörten in der zweiten Hälfte des 19. Jahrhunderts zur Ausstattung vieler gutbürgerlicher Häuser.

Im Jahre 1839 wurde das neue Bildmedium Fotografie der Öffentlichkeit vorgestellt. Die Pioniere auf diesem Gebiet nutzten von Beginn an die Möglichkeit, erotische Vorstellungen mit naturalistischen Mitteln darzustellen.

Diese erotische Kostbarkeit entstand im Atelier der Fotografin Bertha Wehnert-Beckmann. Sie war die erste Berufsfotografin Europas, die innovative Techniken schnell erlernte und auf den Markt brachte. So bot sie als erste in Leipzig Stereoaufnahmen an, die faszinierende räumliche Betrachtungen der Fotografien ermöglichte. Der von ihr immer wieder in unterschiedlichen Formen drapierte Vorhang und das Sofa sind schlüssige Beweise für das Atelier Wehnert-Beckmann als Aufnahmeort, auch wenn die kolorierte Stereodaguerreotypie nicht mit einem Firmenaufkleber versehen ist. Das verbot sich von selbst, da dieser Bereich der Fotografie in Deutschland zu dieser Zeit in einer Grauzone lag. Bei dem hier vorgestellten Werk ist die Grenze zur Pornografie mit Sicherheit noch nicht überschritten, da ein dezenter Schleier noch genügend Raum für die Fantasie lässt.

Den „guten Sitten" entsprach in der Pionierzeit der Fotografie der Handel mit Aktaufnahmen nur dann, wenn künstlerische oder wissenschaftliche Zwecke als fadenscheinige Begründungen für deren Herstellung herangezogen wurden. Die als „Akademien" bezeichneten Stücke sollten als Mal- oder Zeichenvorlagen dienen sowie auf wissenschaftlichem Gebiet als medizinisches oder ethnologisches Studienmaterial fungieren. Unter diesem Vorwand entwickelte sich dann auch die erotische Fotografie in den 1870er Jahren immer mehr, und Fotografen fanden rasch einen Weg, diese Akademien pikanter zu gestalten und so im Rahmen der zulässigen Verwendung auch die an erotischen Aufnahmen interessierten Kunden bedienen zu können.

Die beiden Damen mit der auffallend rosigen Gesichtsfarbe sind scheinbar so intensiv mit sich selbst beschäftigt, dass man die Anwesenheit eines Fotografen nicht wahrnimmt. Offensichtlich standen beide Frauen nicht zum ersten Mal Modell, denn es gibt in der Sammlung des Museums noch ein vergleichbares Bild. Der realitätsnahe farbliche Eindruck ist nicht auf fotografischem Weg, sondern durch eine sehr dezente Kolorierung mit feinsten Farbpigmenten erzielt worden. Um dem Bild noch mehr Glanz zu verleihen, wurden die Armreifen der beiden Frauen direkt auf die versilberte Kupferplatte ziseliert, so dass diese im reinsten Silber erstrahlen.

Ob die Aufnahme von Bertha Wehnert-Beckmann selbst stammt, oder ob Robert oder Rudolph Beckmann hinter der Kamera standen, wird wohl für immer ein Geheimnis bleiben. Die Brüder der Berufsfotografin hatten fotografische Erfahrungen und waren durchaus in der Lage, eine derartige Daguerreotypie anzufertigen.

65 | „DIE MÄNNER SIND ALLE VERBRECHER"
Sogenannter Verbrechertisch, 1856

Wenn ein bestimmtes Thema deutsche Stammtische beherrscht, ist das noch lange kein Beweis für Gedankenfülle und intellektuellen Scharfsinn. Gespräche am Stammtisch tragen den Stempel des Schlichten. Heutzutage. Das war jedoch nicht immer so. Einst wurden an deutschen Stammtischen politische Konzepte mit heißem Herzen diskutiert, in Leipzig zum Beispiel ab 1856 in der Gaststätte „Zur guten Quelle" am damaligen Brühl 22. Gastwirt Johann Friedrich August Grun war Sympathisant jener, die in den Jahren 1848/49 für die Ideen von Demokratie und bürgerlicher Freiheit fochten. Er zierte sein Kellerlokal mit einem ganz besonderen Stammtisch: zweieinhalb Meter lang, einen Meter breit, natürlich aus Eiche und gut und gern Platz für mehr als zehn Gäste bietend. Aber was für Gäste! Nicht umsonst hieß das Möbel „Verbrechertisch".
Platz nehmen durften nur Personen, die für ihr politisches Engagement in den Revolutionsjahren hatten Gefängnisstrafen absitzen müssen, also nach dem Gesetz verurteilte Verbrecher waren. Ihre Namen wurden im Eichenlaub verewigt. Neben denen, die dauerhaft hier sitzen durften, sogenannten „Sesshaften", konnten hin und wieder auch „Zugelassene" hinzukommen. Sie hatten zwar nicht im Zuchthaus gesessen, teilten aber mit den Stammtischbrüdern gleiche politische Überzeugungen.
In der Mitte der Tischplatte prangt das geschnitzte Motto der illustren Runde:

„Aller
treu gedenken
Die mit uns gestrebt!
Kann der Tod doch kränken
Keinen, der gelebt!
1856."

Etliche Namen der damaligen Biertrinker sind zu lesen. Von anderen wissen wir nur, dass es ihnen einst zur Ehre gereichte, sich hier niederlassen zu dürfen. Darunter waren Leipziger Prominente wie der Klavierfabrikant August Dolge oder August Peters, dessen Ehefrau, die Frauenrechtlerin Louise Otto-Peters, wohl die bekanntere von beiden geblieben ist. Mit ihnen diskutierten der Naturwissenschaftler Alfred Brehm, der Dichter Fritz Reuter, der bekannte deutsche Sozialdemokrat August Bebel oder Ernst Keil, Begründer des ersten erfolgreichen Massenblattes in Deutschland, der „Gartenlaube". Auch der gebürtige Leipziger Adolf Roßmäßler, der in der Frankfurter Paulskirche mit Robert Blum im linken Flügel saß, hatte hier einen Stammplatz. Sie alle hatten Jahre zuvor für ihre Visionen von einer Teilhabe an der politischen Macht in Deutschland, von der Gleichheit und Freiheit aller Menschen, von einem einigen deutschen Nationalstaat der Bürger gestritten und gekämpft. Obgleich sie sich nach der Niederlage der Revolution vor den Schranken des Gerichts hatten rechtfertigen müssen, ihr Eifer blieb ungebrochen. War auch manch politischer Verein verboten worden, Biertrinken ließ sich in Deutschland nicht untersagen. Und so debattierte man in Gasthäusern weiter.
Heute werden mit dem Bierglas in der Hand gern sogenannte „Deals" eingefädelt, die eine oder andere Schnapsidee mag auch darunter sein. Münden aber heute noch am Stammtisch geführte Debatten um Freiheit und Demokratie in wirkliches Handeln, wenn der Schwips verschwunden ist?

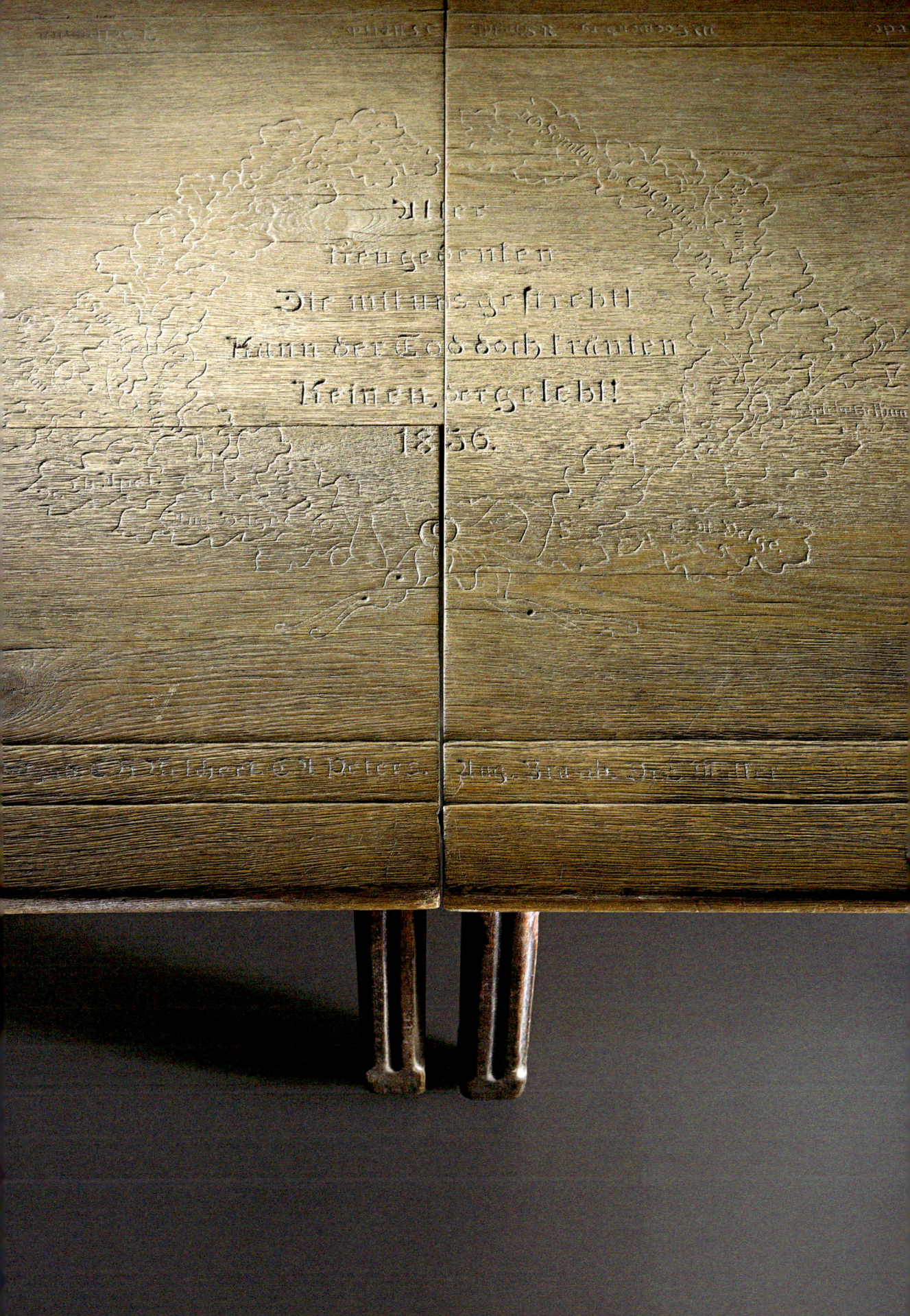

66 | DAMPF IN ALLEN GASSEN
Teil einer Dampfmaschine, um 1865

Industrielle Revolution heißt: Maschinen ersetzten Muskelkraft in vielen Produktionsbereichen, waren schneller und billiger. Der Mensch wurde zum Maschinenbediener. Erst die Dampfmaschine machte die Industrialisierung in Leipzig möglich und damit das moderne Wachstum der Stadt. Die Erste in Leipzig wurde bereits 1831 in der Hartmann'schen Kammgarnspinnerei Pfaffendorf errichtet. Ab 1834 betrieb eine Dampfmaschine drei moderne Schnellpressen, die der Verlag F. A. Brockhaus seit 1826 einsetzte. Sie wurden damals mit Holz beheizt, das in Leipzig vergleichsweise teuer war. Trotzdem schien es rentabel zu sein, denn Hartmann setzte weitere Dampfmaschinen für den Antrieb der Spinnmaschinen ein.

Die meisten Dampfantriebe dürften aber im wichtigsten Leipziger Industriezweig, der Buchherstellung und ihren Zulieferern aus Papier- und Chemieindustrie, und dem Maschinenbau genutzt worden sein. Sie besorgten daneben auch in Brauereien, Musikinstrumentenfabriken oder bei den Stadtwerken monotone Arbeiten wie Rühren, Sägen oder Pumpen. Um 1900 waren es bereits fast zweihundert Dampfmaschinen. Ihre Energie wurde über Wellen an der Hallendecke durch lange Transmissionsriemen zu den einzelnen Maschinen geleitet. Oft war es zunächst nur eine Maschine, die eine ganze große Werkstatt antreiben konnte.

Unsere senkrecht „aufgebockte" Dampfmaschine mit nur einem Zylinder wurde 1868 im nahegelegenen Roßlau an der Elbe von der Maschinenfabrik Gebrüder Sachsenberg nach dem schon einige Jahrzehnte bewährten Prinzip gebaut und in einer Brennerei aufgestellt. Die neogotischen Verzierungen des Rahmens waren für die Funktion nicht nötig, sondern zeigen, dass solch ungewohnte Technik mit historisierendem Schmuck optisch ansprechender war und sich besser verkaufte. Zwischen 1860 und 1880 wuchs die Zahl der Maschinenfabriken und -handlungen in Leipzig von fünfzehn auf siebzig an. Damit stieg der Bedarf an hochwertigem Brennstoff, was wiederum den Kohleabbau beförderte.

Richtig Fahrt nahm die Industrialisierung dann mit dem Übergang zu Elektromotoren am Ende des 19. Jahrhunderts auf. Nur in kleinen Werkstätten, in die kaum investiert wurde, überlebte der Dampfantrieb bis in die Zeit nach dem Zweiten Weltkrieg, mitunter bis zum Ende der DDR. Der dekorative Teil unserer Maschine kam in den 1960er Jahren, ohne den eigentlich nötigen Kessel, aus dem ehemaligen Rittergut Kleinwölkau (Delitzsch) als eines der letzten Relikte früher Industriegeschichte ins Museum.

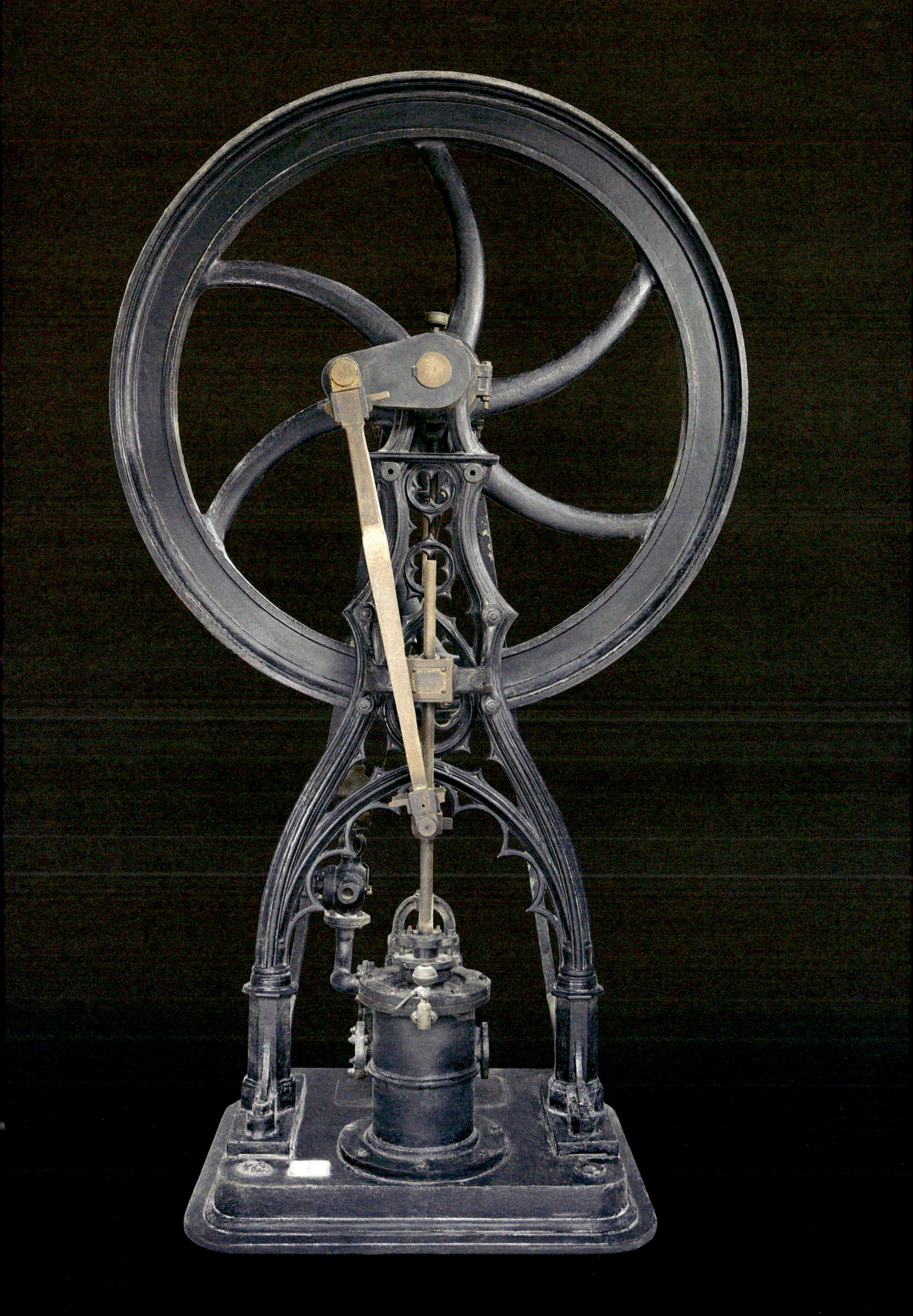

67 | LIEBESGABE
Kompositionsklavier von Richard Wagner, Carl Bechstein, 1867

So sieht ein königliches Geburtstagsgeschenk aus: glanzvoll, massiv, gediegen. Das imposante Tafelklavier, das König Ludwig II. von Bayern seinem „göttlichen Freund", dem Komponisten und Musikdramatiker Richard Wagner zu dessen 54. Geburtstag schenkte, wird den Monarchen einiges gekostet haben. Denn es war kein gewöhnliches Piano wie das von Wagners Kompositionslehrer, Thomaskantor Christian Theodor Weinlig, in Leipzig. Nein, dieses Klavier war maßgeschneidert – und ein Unikat! Vieles hätte der 1813 in Leipzig geborene und hier mittlerweile als großer Sohn gefeierte Komponist gern maßgeschneidert gehabt: die Samtröcke, die Musikinstrumente, die Frauen. Zumindest bei den Instrumenten wurden seine Sonderwünsche oft berücksichtigt. So auch bei diesem Klavier. Doch wie kam es überhaupt dazu? Cosima von Bülow, die Geliebte und spätere Ehefrau des Komponisten, wusste, dass er von einem „tafelförmigen Klavier" träumte, „auf welchem er zugleich schreiben könnte". Sie ließ Anfang 1867 den nicht ganz bescheidenen Geschenktipp dem König zukommen, der die Bestellung anstandslos auslöste. Pünktlich zu Wagners Geburtstag wurde das Klavier geliefert, an den Starnberger See, wo Ludwig II. dem Komponisten ein Landhaus zur Verfügung gestellt hatte. Die Sonderfabrikation des Berliner Klavierbauers Carl Bechstein hatte einen massiven Unterbau mit sechs Schubfächern sowie ein Schreibpult zum Herausziehen, um Komponiertes sofort zu notieren. Wagner zeigte sich entzückt über sein neuestes Instrument. Er bezeichnete es als „Componierclavier" – und vermutlich entstanden an ihm der Schluss der „Meistersinger", der dritte Aufzug von „Siegfried", die „Götterdämmerung" sowie Teile des „Parsifal".

Jahre später zog der „Piano-Sekretär" mit der Familie Wagner nach Bayreuth in die Villa Wahnfried. Dort stand das Klavier weit über Wagners Tod 1883 hinaus bis in die frühen 1940er Jahre. Winifred Wagner, die Schwiegertochter, soll es etwa zu dieser Zeit zu einer Reparatur nach Leipzig gegeben haben, so zumindest die Überlieferung der Familie. In der Folge verliert sich die Spur. Wohl in den Kriegswirren ging der gesamte schreibtischartige Unterbau verloren. 1961 tauchte das Klavier wieder auf und kam, nunmehr als Fragment, aber noch immer von stattlicher Größe, im Auftrag vom „Rat der Stadt Leipzig, Abteilung Kultur" zur Aufbewahrung in das Musikinstrumentenmuseum der Universität. Wo war es in der Zwischenzeit geblieben? Eine mit zwei Nägeln befestigte Plakette mit kyrillischen Buchstaben deutet darauf hin, dass sich das Piano auch in sowjetischen Händen befunden haben muss. Mehr Hinweise ließen sich aber bislang nicht finden. Und die alte Bleibe des Klaviers, Bayreuth, lag mittlerweile in einem anderen Deutschland.

Zehn Jahre nach dem Ende der DDR ging Wagners Kompositionsklavier als befristete Leihgabe des Stadtgeschichtlichen Museums an die Villa Wahnfried nach Bayreuth. Danach gab es einen jahrelangen Rechtsstreit um die Frage, wem es eigentlich rechtmäßig gehöre. Nachdem das Gericht 2013 im abschließenden Urteil Wagners Piano als Eigentum der Stadt Leipzig bestätigt hatte, kam es wieder nach Leipzig. Dort ist es nun im Alten Rathaus dauerhaft ausgestellt – in einem eigens dafür hergerichteten Wagner-Gedenkraum.

68 ZWEI GROSCHEN FÜR EIN STÜCK WELTLITERATUR

Faust. Eine Tragödie. Erster Teil, Johann Wolfgang von Goethe, 1867

Ab etwa 1800 expandierte das Buchgewerbe im Zuge neuer Herstellungsverfahren und verbesserter Vertriebs- und Handelsorganisation. Gab es im Jahr 1800 noch 52 Buchhändler und Verleger in Leipzig, so waren es 1867 bereits 228, reine Druckereien, Buchbinder und andere Zulieferbetriebe nicht mitgezählt. In jenem Jahr wurde durch einen dieser Verlage, der wie viele andere in der östlichen Vorstadt (Grafisches Viertel) seinen Sitz hatte, ein wohl beispielloses Projekt ins Leben gerufen: Anton Philipp Reclam brachte gemeinsam mit seinem Sohn Hans Heinrich die ersten Bände von Reclams Universal-Bibliothek heraus.

Der Zeitpunkt war nicht zufällig gewählt, 1867 wird auch als das Klassikerjahr bezeichnet. Am 9. November liefen die Urheber- und Verlagsrechte an den Werken der Autoren aus, die bis 1837 verstorben waren. Die Literaturklassiker wurden zum Gemeingut, jeder konnte sie verlegen, ohne an die Erben zahlen zu müssen. Die Reclams erkannten als eine der ersten das Potential dieser Regelung und boten bereits einen Tag später die ersten beiden Bände ihrer Universal-Bibliothek an: Goethes „Faust" Teil 1 und 2. Die erste Auflage von jeweils fünftausend Exemplaren war schon nach einem Monat vergriffen, die zweite in gleicher Höhe bald ebenso. Im Februar 1868 ging bereits die dritte Auflage mit zehntausend Exemplaren an den Start, und das Ganze ohne große Werbung. In diesem Monat ist auch die erste Reklame für die nun schon vierzig Bände umfassende Reihe in der „Leipziger Zeitung" nachweisbar. Durch das kleine Format, sparsame Ausstattung, dünnes Papier und einen einfachen Schutzumschlag konnte Reclam die einzelnen Hefte für zwei Silbergroschen verkaufen. Dafür bekam man zu jener Zeit beispielsweise drei Brote, der billigste Platz im Stadttheater kostete fünf Groschen, ein Besuch eines Abonnement-Konzertes im Gewandhaus dreißig Groschen. Für ein hochwertig gebundenes Buch bekam man schon zwanzig Reclam-Hefte.

Ab 1876 sollte jeder Band für die nächsten vierzig Jahre zwanzig Pfennig kosten. Die einzeln erwerbbaren Hefte waren dadurch auch für ärmere Bevölkerungsschichten erschwinglich. Aber natürlich hatte der Verlag auch den knapp kalkulierten Profit durch den massenhaften Absatz im Auge. Immerhin mussten im Jahr 1876 fast zwei Drittel der Bewohner Leipzigs mit weniger als neunzig Mark monatlich auskommen.

Später erweiterte der Reclam-Verlag das Spektrum der Universal-Bibliothek um verschiedene Themen und Sprachen. 1912 war man bereits bei Nummer 5 490 angekommen, ausgewählte Hefte konnte man nun sogar an Bücherautomaten erwerben. Natürlich war nicht jeder Band ein Verkaufsrenner, aber viele Titel erscheinen bis heute in unzähligen Nachauflagen, oft verwendet in Schule und Studium. Wer kann sich nicht an Goethe, Schiller und Konsorten erinnern, die man in seiner Schulzeit als Reclamheft in der Hand hielt …

Die Bedeutung der Universal-Bibliothek kann man gar nicht genug hervorheben: Sie war ein früher kompakter, deutschsprachiger Literaturkanon, erschwinglich im Preis abseits des Bildungsbürgertums. Außerdem sind die Hefte eine der ältesten Vertreter des Taschenbuchs, wie man es heute kennt.

Dieser erste Band aus der ersten Auflage ist eines der wenigen weltweit erhaltenen Exemplare, es war ja eigentlich „Gebrauchsliteratur", nicht für die Ewigkeit gedruckt – sondern zum Lesen. Bürgerliche Bestseller für jedermann.

2 Silbergr.   7 Kr. rhein.

Universal-Bibliothek
1

Faust.

Eine Tragödie

von

Goethe.

Erster Theil.

LETZTES ARCHIVEXEMPLAR

Leipzig.
Verlag von Philipp Reclam jun.

69 | EDELWEISS UND WELTFRIEDEN
Proletarischer Haussegen mit Porträtfoto von Ferdinand Lassalle, um 1895

Oft waren sie religiös, manchmal treuherzig, meist glücksbeschwörend, mitunter martialisch – Haussegens-Sprüche im 19. Jahrhundert transportierten vielerlei Botschaften. Verlautbarungen wie „In Freud und Schmerz schau himmelwärts" , „Hell wie der reinste Edelstein ist Mutterliebe ganz allein" oder „Wenn Trübsal einkehrt nicht verzage, es kommen wieder bessere Tage" boomten geradezu. Und sie hielten Einzug bei jedermann. So schmückte sich auch der Arbeiterhaushalt mit Wandbildern, die seiner Gesinnung entsprachen. Traditionelle Sprüche mit bürgerlich-religiösen Botschaften spielten dort weniger eine Rolle, eher waren es proletarisch-aufrüttelnde Worte und kämpferische Appelle, die auf die Lage der Arbeiterschaft hinwiesen und gleichzeitig sozialistische Forderungen und Lösungsansätze für die Weltverbesserung parat hielten: „Wir wollen den Frieden, Freiheit und Recht, dass Niemand sei des Andern Knecht, dass Arbeit aller Menschen Pflicht, und Niemand es an Brod gebricht".

Die Machart der holzgerahmten und verglasten Haussegen war ab etwa 1890 bis in die 1920er Jahre fast immer gleich: Auf Papierkanevas, einem netzartigen Karton, wurden mit Wolle, Garn und Metallfäden Schriften und Ornamente aufgestickt. Hinzu kamen aufmontierte Schmuckdekore wie getrocknete Pflanzenteile, Bänder, Fahnen und Porträtfotos. Diese Bilder zeigten meist Führer der Arbeiterbewegung, zum Beispiel August Bebel, Wilhelm Liebknecht oder Ferdinand Lassalle. Sie wurden ikonengleich in den Mittelpunkt gestellt. In hiesigen Arbeiterhaushalten dürften solche Haussegen verbreitet gewesen sein, war doch Leipzig Wiege und Hochburg der deutschen Sozialdemokratie. Hier entstanden unter anderem 1848 der Leipziger Arbeiterverein und 1863 die erste deutsche Arbeiterpartei, der Allgemeine Deutsche Arbeiterverein ADAV, aus dem 1890 die SPD hervorging. In Leipzig wirkten, neben den bereits Genannten, auch Karl Liebknecht, Franz Mehring, Julius Vahlteich und Clara Zetkin. Hier erschienen sozialdemokratische Presseorgane wie „Demokratisches Wochenblatt" (1868) und „Vorwärts" (1876). Nationale Arbeiter-Interessenvertretungen wie der gewerkschaftlich ausgerichtete Allgemeine Deutsche Cigarettenarbeiter-Verein (1865) wurden in Leipzig gegründet oder hatten hier ihren Sitz, so der Arbeiter-Turnerbund ATB (1893).

Mit dem Verbot der SPD durch die nationalsozialistischen Machthaber ging nach 1933 auch eine Vielzahl der proletarischen Haussegen verloren. Neue Parolen überschwemmten nun das Land, die große Zeit der Segenssprüche für das traute Heim war vorüber.

Wer aber glaubt, Haussegen seien Schnee von gestern, der irrt. Via Online-Handel sind heute Wandschilder mit Verkündungen wie „Rein und ganz – ist der Küche Glanz" oder „Wo Mutterhände liebend walten, da bleibt im Haus das Glück erhalten" für den Hausstand 2.0 erhältlich.

70 KOPFGEBURT

Schnittmodell von Johann Sebastian Bachs Schädel, Carl Seffner, 1895

Im Herbst 1894 vermaßen Wissenschaftler die Gebeine eines Mannes, die beim Umbau der Johanniskirche gefunden worden waren. Dieser Fund war kein Zufall, man hatte gezielt gesucht. Aber war der Gefundene auch wirklich der Erhoffte, nämlich kein Geringerer als Johann Sebastian Bach? Keine einfache Sache, denn DNA-Tests gab es noch nicht. Dennoch musste ein überzeugender Beweis her, so schlagkräftig wie ein dicker Schädel.

Kurze Rückblende: Nach seinem Tod 1750 im Alter von 65 Jahren hatte man den Thomaskantor, wie damals üblich, auf dem Johannisfriedhof außerhalb der Stadtmauern begraben. Nach mündlicher Überlieferung lag er sechs Schritte vom Südeingang der Johanniskirche entfernt, in einem Eichensarg „in flacher Grube". Die Grabstelle war im Laufe der Jahrzehnte in Vergessenheit geraten, einen Stein hatte es vermutlich nie gegeben. Erst 144 Jahre nach Bachs Tod entschloss sich die Stadt, die Komponistengebeine in ein würdigeres und repräsentatives Grab umzubetten. So entschied man sich kurzerhand, einen der drei Toten, die man nach dem Umpflügen des Johannisfriedhofs unweit vom Südtor entfernt in Eichensärgen gefunden hatte, für Bach zu halten. Der zweite Tote war etwas zu klein, der dritte eine Frau.

Der aus Basel an die Leipziger Universität berufene Anatom Wilhelm His und der renommierte Leipziger Bildhauer Carl Seffner erhielten den Auftrag, die sterblichen Überreste zu identifizieren. His hatte bereits früher die Weichteildicke am Kopf erwachsener Leichen entsprechend einer vorher festgelegten Anzahl von zu messenden Punkten untersucht. Seine Messergebnisse von den mutmaßlichen Bachknochen gab der Wissenschaftler an Seffner. Dieser ließ vom aufgefundenen Schädel einen Gipsabguss fertigen und modellierte über der einen Schädelhälfte das wahrscheinliche Antlitz Bachs. Er nutzte dabei nicht nur die sogenannte „Profilmethode", eine anatomische Vorgehensweise zur Rekonstruierung von Gesichtszügen, sondern auch das berühmte Bach-Porträt von Elias Gottlob Haussmann (siehe Nr. 47). Das Ergebnis konnte sich vielleicht gerade deshalb sehen lassen: Die Ähnlichkeit mit dem vertrauten Bild war frappierend. So ließ denn die Gutachterkommission ein Jahr später abschließend verlauten, dass die Zuschreibung des Skeletts zu Bach „in hohem Maße wahrscheinlich" sei, weil man „kein Indiz dafür" habe, dass er es nicht sei.

Heute ist es schwer zu sagen, wie sehr bei diesem Ergebnis der Wunsch der Vater des Gedankens war. Wilhelm His und Carl Seffner aber gingen mit diesem ersten Versuch, das realistische Aussehen eines Verstorbenen anhand seines Schädels nachzubilden, in die Anatomie-Geschichte ein. Die teuren Gebeine wurden 1904 in der neu errichteten Bach-Gellert-Gruft unter der neuen Johanniskirche beigesetzt. Vier Jahre später griff Seffner selbst noch einmal auf seine Beweisbüste zurück. Er bekam den Auftrag für das neue Bachdenkmal vor der Thomaskirche und nutzte sie nun als Vorlage. Dorthin, in die jahrelange Wirkungsstätte des Thomaskantors, wurden 1949 die Gebeine noch einmal umgebettet. Hier fand Bach – oder wer auch immer – seine letzte Ruhe.

20./21. JAHRHUNDERT

71 DER GLÄSERNE SCHATZ
Reichsgericht, Hermann Walter, um 1900

Als dem Stadtgeschichtlichen Museum Leipzig 1935 der Glasnegativbestand des Ateliers Hermann Walter übergeben wurde, ahnte wohl niemand die Bedeutung dieses fotografischen Lebenswerkes. Heute, über hundert Jahre nach der Zeit seines Schaffens, sind die Aufnahmen oft die einzigen erhaltenen Bilddokumente des alten Leipzigs. Das Gesamtschaffen des Ateliers Hermann Walter öffnet ein Fenster in eine Welt, die durch einen rasanten Umbruch des Stadtbildes gekennzeichnet war. 3761 Glasplatten des Fotografen befinden sich heute im Museum.

Hermann Walter hatte bereits in Hamburg, Sankt Petersburg und London Erfahrungen als Mechaniker und Fotograf gesammelt, als er sich 1862 in Leipzig niederließ. Seine wichtigsten Auftraggeber waren das Hochbauamt, das Amt für die Städtischen Werke und das Tiefbauamt.

Durch die Fotografien von Hermann Walter lässt sich der ehemalige Reichtum an Bauten des Barocks und des Klassizismus in Leipzig nachvollziehen. Dabei wurden nicht nur die prachtvollen Fassaden aufgenommen, sondern auch aufschlussreiche Impressionen aus Leipziger Durchgangshöfen eingefangen.

Aufgrund der langjährigen Tätigkeit des Meisters sind von vielen Objekten Aufnahmen aus mehreren Zeitabschnitten erhalten. Von zahlreichen, jetzt auch schon über hundertjährigen Gebäuden, machte er Fotos unmittelbar nach ihrer Fertigstellung. Die Präzision seiner Bilder erlaubt heute in vielen Fällen eine authentische Rekonstruktion historischer Gebäude. Insbesondere von kommunalen Bauten, aber auch von Geschäftshäusern, Banken und Kirchen sind hervorragende Aufnahmen erhalten. Der Mensch seiner Zeit erscheint auf den Fotos als sorgfältig arrangierter Statist. Es finden sich hier sowohl der Bürgermeister am Arbeitsplatz als auch der zufällig anwesende Markthelfer und der damals noch oft im Straßenbild vertretene Polizist.

Bei seiner Arbeit benutzte Hermann Walter vorwiegend großformatige Plattenkameras mit einer Plattengröße bis zu 40 x 50 Zentimeter, wobei der Großteil der Aufnahmen im Format 30 x 40 beziehungsweise 22 x 28 Zentimeter hergestellt wurde. Diese umfangreiche Ausrüstung schränkte seine Mobilität ein, sodass relativ wenige Aufnahmen der Leipziger Vororte erhalten sind.

Neben den Architekturaufnahmen finden sich in seinem Nachlass auch einige interessante Dokumente großer Ereignisse der Stadtgeschichte. Vom Reichsgericht sind sowohl Fotos von der Grundsteinlegung 1888 als auch von der Einweihung sieben Jahre später vorhanden.

Das Werk von Hermann Walter wurde nach seinem Tod im Jahre 1909 von seinem Sohn und seinem Schwager fortgeführt. Ihnen sind Aufnahmen vom Bau des Hauptbahnhofes und von der Errichtung und der Einweihung des Völkerschlachtdenkmals zuzuschreiben. Über tausend Aufnahmen entstanden noch nach dem Tod des Altmeisters, wobei sich der Schwerpunkt auf die Industriefotografie verlagerte. Der dynamische Wohnungsbau in der zweiten Hälfte der 1920er Jahre brachte ebenso zahlreiche Aufträge wie der Ausbau der kommunalen Infrastruktur. Krönender Abschluss der Tätigkeit der Firma Walter war eine umfangreiche Dokumentation vom Bau der Großmarkthalle. Danach folgte der Niedergang der Firma bis zur Liquidation im Jahre 1935.

72 | WÄCHTER DER TORE
Mesusa vom Torpfosten der liberalen Hauptsynagoge, vor 1938

Wir wissen nicht, wie alt diese Lederkapsel und das kleine Pergament darin sind. Vielleicht stammen sie noch aus der Mitte des 19. Jahrhunderts. Vom Anbringen dieses jüdischen Segensspruchs an der Tür der Großen Leipziger Gemeindesynagoge oder seiner Erneuerung ist kein Bericht erhalten. Für gläubige Juden war und ist es ein zentrales Glaubensgebot, eine solche Mesusa zumindest am rechten Türpfosten ihrer Eingangstür anzubringen. Das nach bestimmten Vorschriften hebräisch beschriebene Pergament enthält das sogenannte „Schma Jisrael", wichtige Sätze des Glaubensbekenntnisses aus der Tora: Auf der Rückseite des Blattes steht „Scha-dai", einer der vielen Namen Gottes. Der Segen soll alle Schäden vom Haus der Gläubigen fernhalten. Und doch ist die Schriftkapsel fast das einzige, das von der größten Leipziger Synagoge erhalten ist.

Das repräsentative Gebets- und Versammlungshaus in maurisch-romanischem Stil ließ die Israelitische Religionsgemeinde 1855 in der Zentralstraße erbauen. Mit 1200 Sitzplätzen war es für die noch junge Gemeinde deutlich zu groß, bot aber zu den Messen genügend Raum für anreisende Besucher. Seit dem späten Mittelalter war es Juden bis auf wenige Ausnahmen untersagt, sich in Sachsen niederzulassen. Mit ihrer beginnenden rechtlichen Gleichstellung in Sachsen 1830 wohnten erst etwa dreißig jüdische Familien in der Stadt. Auch dank der wachsenden Gewerbefreiheit siedelten sich vorwiegend osteuropäische Messehändler an. Obwohl viele kleinere Synagogen und Betstuben nach orthodoxem Ritus entstanden, bildete die reformorientierte Große Synagoge das Herz der Religionsgemeinde. Viele Familien integrierten sich rasch in die städtische Gesellschaft, Wohlhabende errichteten Stiftungen für die Versorgung ärmerer Mitglieder und Kranker. So entstanden das Israelitische Krankenhaus, ein jüdisches Altersheim und Kindereinrichtungen, die dem Zusammenhalt der Gemeinde dienten. Hilfe war vor allem für die jüdischen Zuzügler nötig, die auf der Flucht vor Armut und Antisemitismus aus Russland oder Polen nach Deutschland kamen. Ihre Unterstützung kostete die Gemeinde, die auf etwa 13 000 Mitglieder angewachsen war, besonders in der Zeit der Wirtschaftskrise um 1930 große Anstrengungen. Zur wirklichen Bewährungsprobe wurden jedoch erst die Folgejahre nach der Machtübernahme der Nationalsozialisten. Die ausgrenzende Rassengesetzgebung übertraf alle Befürchtungen. Nun wurden die jüdischen Institutionen zum Ziel aller Hilfesuchenden, die beraubt, verfolgt und von Deportation bedroht waren.

Die Synagoge selbst blieb davon nicht verschont. In der Nacht vom 8. auf den 9. November 1938 wurde sie wie fast alle der größeren Gotteshäuser in Brand gesetzt und musste daraufhin durch die Gemeinde abgerissen werden. Kultgegenstände wurden beschlagnahmt oder zerstört. Dieses Schicksal markiert das vorläufige Ende einer jüdischen Gemeinde in Leipzig. Auch die Mesusa ging verloren. 1968 wurde sie bei Bauarbeiten auf dem Grundstück gefunden. 1945 gründeten 24 der wenigen überlebenden Leipziger Juden eine neue Gemeinde, die seitdem die einzige erhaltene Synagoge in der Keilstraße nutzt.

73 | ALLERFEINSTER SOUCHONG VON DER PLEISSE
Teedose, um 1900

Im späten 17. Jahrhundert flohen wegen religiöser Verfolgung mehrere Tausend Hugenotten aus Frankreich, unter anderem auch nach Sachsen. Hier zog besonders die Handels- und Messestadt Leipzig viele hugenottische Kaufleute an.

Jean George Riquet, ein Nachfahre ebensolcher französischer Glaubensflüchtlinge, gründete 1745 das Handelsunternehmen „Riquet & Co.". Den Leipzigern ist es heute durch das auffällige Kaffeehaus „Riquet" mit den beiden großen Elefantenköpfen in der Leipziger Innenstadt bekannt.

Das zunächst in der Katharinenstraße ansässige Unternehmen „Riquet & Co." begann schon im 18. Jahrhundert mit dem Import nicht nur von Überseegütern wie Gewürzen oder Kaffee, sondern auch von verschiedenen Teesorten, obwohl das Getränk bis dahin erst wenige Anhänger hatte. Das besondere an der Vorgehensweise des Unternehmens war, dass „Riquet" die Tees direkt aus den Anbauländern bezog, wie auch ein Hinweis auf der hier dargestellten Teedose zeigt. Sie besteht aus lackiertem Blech und diente als Großverpackung von mehreren kleinen Teepäckchen aus Pappe. Auf der Front der Dose ist ein Chinese in rot-grünen Kleidern dargestellt. In seiner Hand hält er einen Fächer mit der Aufschrift „Directer Import!". Ebenso ist eine gelbe Packung chinesischen Tees abgebildet. Es handelt sich um „Allerfeinsten Souchong", also einen Schwarztee, dessen Anbaugebiet vornehmlich die chinesische Provinz Fujian ist. Souchong-Tee wird in einer Werbebroschüre der Firma „Riquet & Co." aus dem späten 19. Jahrhundert als nicht zu kräftig im Geschmack beschrieben. Weiterhin wirke der Tee anregend, schmecke würzig und sei generell für den deutschen Geschmack am besten geeignet.

Im Laufe des 19. Jahrhunderts begann die Nachfrage nach Tee in dem damals noch in Einzelstaaten zersplitterten Deutschen Reich deutlich zu steigen, und die Firma „Riquet" florierte zunehmend. Bald gab es flächendeckend in allen deutschen Ländern, Österreich und der Schweiz „Riquet Thee" in ausgesuchten Geschäften zu kaufen.

Im Jahr 1890 entschied sich die damalige Firmenleitung zum Neubau einer Großanlage in Gautzsch bei Leipzig. Neben Bereichen für die Eigenproduktion von Kakao und Schokolade gab es auch eine zusätzliche Halle zur Lagerung und Herstellung von Teemischungen. Tee wurde von Übersee angeliefert, vor Ort geschnitten, gemischt und täglich in bis zu fünftausend Päckchen verschiedenster Größe abgefüllt, in Kisten verpackt und von Leipzig aus in zahlreiche Länder verschickt.

Die hier präsentierte Teedose aus dem frühen 20. Jahrhundert ist damit Sinnbild für ein Leipziger Unternehmen hugenottischen Ursprungs, welches sich durch innovative Verfahren und stabile Qualität im 18. und 19. Jahrhundert zu einer Marke mit europaweitem Ansehen entwickelte.

74 NOTEN FÜR ALLE

„Lyrische Stücke" für Klavier, Edvard Grieg, 1902

Ob mit großen oder kleinen Kopfhörern – Musik hören ist eine der beliebtesten Freizeitbeschäftigungen von Teenagern. Vor rund hundert Jahren war das passive Konsumieren von Musik noch keine Option für die Jugend. Dafür jedoch wurde selbst kräftig in die Tasten gehauen: Das heimische Klavier gehörte spätestens Ende des 19. Jahrhunderts zum guten Ton in vielen mittelständischen Familien und war nicht nur bürgerliches Interieur und Statussymbol, sondern wurde auch tatsächlich gespielt. Um die Jahrhundertwende gab es in Leipzig insgesamt fünf große Pianofabriken, darunter die renommierte Klavierbaufirma Blüthner mit einer Jahresproduktion von dreitausend Instrumenten.

Die Hobbypianisten und -pianistinnen hatten einen großen Bedarf an Klaviernoten – und in Leipzig reiche Auswahl: Hofmeister, Breitkopf & Härtel und etliche andere Musikverlage waren hier ansässig. Die Bestseller waren jedoch die preiswerten Ausgaben der „Edition Peters", rosafarbene, später lindgrüne Hefte mit Klassikern der Klavierliteratur im handlichen Format.

Die „Lyrischen Stücke" des Komponisten Edvard Grieg stammen aus jener populären Publikationsreihe. Sie sind keine Rarität, kein unersetzbares und kostbares museales Einzelstück, sondern Massenware. Laut einem historischen Katalog kosteten sie damals zehn Mark. Vom Verlag C. F. Peters wurden sie mit der Intention produziert, für den alltäglichen Hausgebrauch und in möglichst hoher Stückzahl verkauft zu werden. Doch dieses Heft mit den insgesamt 66 „Lyrischen Stücken" ist mehr als nur eines von vielen ausrangierten Klaviernotenbüchern, es bündelt auch Leipziger Musikgeschichte.

Da ist zum einen der Komponist. Der Norweger hatte Mitte des 19. Jahrhunderts am berühmten Leipziger Konservatorium studiert. Jahrzehnte später schloss er mit dem Leipziger Verlagshaus C. F. Peters einen Generalvertrag ab, der dem Verlag das Recht der Publikation seiner Werke sicherte – als einzigem Unternehmen weltweit. Im Gegenzug erhielt Grieg ein jährliches Gehalt auf Lebenszeit, ein lukrativer und seltener Status für einen freiberuflichen Musiker. Beide Seiten zogen aus diesem Geschäft Gewinn, und aus dem anfänglich rein ökonomischen Verhältnis entwickelte sich eine Freundschaft zwischen Verleger und Komponist.

Der Verlagsinhaber hieß ab 1900 Henri Hinrichsen. Er unterhielt nicht nur zu Grieg, sondern zu vielen bedeutenden Komponisten seiner Zeit Beziehungen und vermittelte zwischen künstlerischen und geschäftlichen Interessen. Er führte den Peters-Verlag zu Weltruhm und wurde zu einem großen Mäzen der Stadt. So stiftetet er beispielsweise die „Musikbibliothek Peters", eine Hochschule für Frauen sowie 200 000 Reichsmark für den Ankauf einer wertvollen Musikinstrumentensammlung, die den Grundstock des heutigen Museums für Musikinstrumente der Universität Leipzig bildete. Aber auch dieses dunkle Kapitel gehört zur Verlagsgeschichte: 1938 verhängten die nationalsozialistischen Kulturbehörden ein Berufsverbot über den Inhaber, der Peters-Verlag wurde „arisiert", die Familie wurde enteignet. 1942 wurde Henri Hinrichsen in Auschwitz ermordet.

Nr. 3100a

Lyrische Stücke

Lyric Pieces — Morceaux lyriques

(Klavier-Werke Band I)

75 | WEG MIT DER KRONE
Sächsische Fahne, 1904–1918

Am 25. November 1918 fuhr Rudolf Gast mit der Eisenbahn in seine Heimatstadt Leipzig. Die letzten eineinhalb Jahre war Gast Soldat an der Westfront gewesen. Vor wenigen Tagen hatte man ihm und seinen Kameraden mitgeteilt, dass der Krieg aus und Deutschland der Verlierer sei. Für die Männer des Leipziger 107. Infanterieregiments war das ein Schock, freilich nicht der letzte. Erst unterwegs erfuhr Gast von einer Revolution in Deutschland. Als er in Leipzig aus dem Zug stieg, standen direkt vor dem Hauptbahnhof zwei Soldaten mit einem großen Spruchband. „Willkommen Volksgenossen in der sozialistischen Republik Sachsen". Für Gast hätte ebenso „Herzlich willkommen auf dem Mond" darauf stehen können. Die Welt, in die er zurückkehrte, war eine völlig andere, eine fremde geworden.

Das massenweise Sterben in einem längst verlorenen Krieg, die drückende wirtschaftliche Not und die Verschleppung innerer Reformen hatte sich in Deutschland Anfang November 1918 zum explosiven Gemisch verdichtet. Die Meuterei der deutschen Hochseeflotte entzündete den Flächenbrand. Am 9. November wurde die Republik ausgerufen. Bald hieß es, der Kaiser sei zurückgetreten. Der war zwar zunächst nur ins Exil gegangen, aber alle deutschen Könige, Großherzöge und sonstigen Fürsten legten ihre Amtsgeschäfte nieder. „Es lebe die Republik" war die große Losung, von der man sich allgemein eine Besserung der miserablen Lage versprach.

Jetzt kommt unsere Fahne ins Spiel. Wir wissen nicht, wer zur Schere griff und das gute Stück seiner Krone beraubte. Tatsache ist: Die ungeliebte Monarchie wurde mit glattem Schnitt entfernt. Der alte Staat sollte durch das Wegschneiden des Überlebten verjüngt und verändert, modernisiert werden. Kurz danach hatte die Revolution auch Leipzig erreicht. Als Zigtausende am 10. November auf dem Augustusplatz zusammenkamen, hatten sie ursprünglich für die Revolution demonstrieren wollen. Jetzt aber war das alte System so schnell in sich zusammengefallen, dass man nur noch den Sieg der Revolution feiern konnte. Über deren mögliche Ergebnisse gab es auch unter den Demonstranten ganz verschiedene Vorstellungen, die in den folgenden Monaten aufeinanderprallten. Die Weimarer Republik schleppte wie unsere Fahne viel des Alten mit sich: alte Parteien, alte Strukturen, alte Denkweisen. Nur über eins war man sich fast einig: Die Monarchie wollten die wenigsten wiederhaben.

Ob die Anekdote nur gut erzählt ist oder sich tatsächlich so zugetragen hat, muss offenbleiben. Doch belegt sie das Verhältnis zwischen den Sachsen und ihrem jovialen letzten Monarchen ziemlich anschaulich. Als der vormalige sächsische König Friedrich August III. nach dem Abklingen der Revolution mit dem Zug aus dem schlesischen Refugium nach Dresden zurückkehrte, soll er angesichts der auf dem Neustädter Bahnhof versammelten, ihm zujubelnden Menschenmenge überrascht ausgerufen haben: „Ihr seid mer ja scheene Demogradn!" Wenn's nicht wahr ist, ist's gut erfunden!

76 KICKENDER ADLER
Trikotemblem der deutschen Fußball-Nationalmannschaft, 1909

Der 1900 in Leipzig gegründete Deutsche Fußball-Bund (DFB) brauchte über acht Jahre, bis er am 5. April 1908 erstmals eine Mannschaft zu einem Länderspiel schickte. Ein Mannschaftsfoto zeigt diese erste Nationalelf in schwarzen Hosen und Stutzen sowie einem Trikot mit langen weißen Ärmeln und schwarzem Brustteil samt Kragen und weißen Knöpfen. Mitten auf der Brust prangt ein helles Emblem mit schwarzem Adler. Details sind nicht zu erkennen. Aussagen zum Emblem sind in zeitgenössischen Quellen nicht zu finden. Ohne den Leipziger Fußballer Camillo Ugi wüssten wir nicht, was für ein Wappen der DFB seinerzeit auf die Nationaltrikots nähen ließ. Das gültige Reichswappen, von Kaiser Wilhelm II. am 6. Dezember 1888 erlassen, sah wie folgt aus: Der einköpfige, nach rechts schauende Reichsadler hat schwarzes Gefieder, Schnabel, Zunge und Krallen sind rot. Auf seiner Brust trägt er einen Mittelschild, um diesen eine Kette des preußischen Ordens „Vom schwarzen Adler"; im Mittelschild das preußische Staatswappen, ein gekrönter Adler mit Krönungsinsignien und dem Wappen der Hohenzollern auf der Brust. Eine Krone über dem Reichsadler komplettierte das deutsche Staatsemblem.

Damit ist das von Ugi überlieferte Stoffemblem fast exakt beschrieben, nur die preußische Ordenskette fehlt. Warum der DFB darauf verzichtete und woher er die Embleme bezog, wissen wir nicht. Sicher ist jedoch, dass er bis Kriegsausbruch 1914 seine Nationalspieler in 27 von dreißig Länderspielen mit dieser Version ausstattete. Ausnahmen waren die drei Spiele des olympischen Turniers 1912 in Stockholm.

Der einstige Turner und bei der Leipziger Firma Nitzsche Kinematographen angestellte Mechaniker Camillo Ugi debütierte am 16. März 1909 als 24-Jähriger in der Nationalelf. In Oxford sorgte England mit 9:0 für die bislang höchste Länderspiel-Niederlage der Deutschen. Bei seinen fünfzehn Einsätzen, neun als Kapitän, erlebte Ugi drei Siege, drei Remis und neun Niederlagen. Der deutsche Fußball steckte in den Kinderschuhen und kämpfte im eigenen Land um Akzeptanz. Noch handelte sich mancher Schüler mit dem als „Fußlümmelei" verpönten Spiel Strafen ein, wenn Lehrer ihn dabei erwischten. Deutschland im Fußball zu vertreten, war nicht jedem Spieler eine Ehre, und reich werden konnte man damit auch noch nicht.

Ugi bestritt am 17. November 1912 in Leipzig gegen Holland sein letztes Länderspiel, das 2:3 verloren wurde. Aktiver Spieler, meist für den VfB Leipzig, blieb er bis 1927, kritischer Fußballfan und Chronist bis an sein Lebensende. Die kostbarsten Erinnerungsstücke packte er in seine „Raritätenkiste", deren Inhalt Ugis Töchter nach dem Tod des Vaters 1970 in Ehren hielten. Das Emblem übergaben sie 2000 im Jubeljahr des DFB dem Sportmuseum. Bei Nachforschungen stellte es sich als erstes Nationalemblem des DFB heraus.

Heute ziert die Trikots der deutschen Nationalelf der Herren ein rundes Emblem mit einer eigens für den DFB kreierten Version des Bundesadlers, umringt vom Namen des Bundes und gekrönt von vier Sternen für die Weltmeistertitel. König Fußball eben.

77 AUSGEZEICHNET

Siegespalme des Belgischen Turnbundes für Dr. Ferdinand Goetz, 1913

Juli 1913. Die mit 1,1 Millionen Mitgliedern weltgrößte Sportorganisation, die Deutsche Turnerschaft (DT), feiert ihr 12. Deutsches Turnfest. Wie schon 1863 ist ein Jubiläum der Völkerschlacht Anlass, dieses Nationalfest in Leipzig auszurichten. Rund 70 000 Turner aus dem In- und Ausland kommen in die Stadt, deren Bewohner sich dem Spektakel nicht entziehen können. Sie geben den Gästen Quartier, schmücken ihre Häuser, jubeln den Turnern beim Festzug zu und kaufen reichlich Karten für die Veranstaltungen auf dem Festplatz. Dieser ist, gleich einer kleinen Stadt, temporär im Ortsteil Eutritzsch mit Sportanlagen, Restaurants, Postamt und anderen Zweckbauten errichtet worden – für viele Gewerke, Transportunternehmen und Gastronomen ein gutes Geschäft.

Zum Festprogramm gehörte ein Frühstück mit zweihundert geladenen Gästen. „Von Anfang an herrschte die urdeutsche Stimmung", stellte der „Turner aus Sachsen" fest. Entsprechend patriotisch waren die Reden auf das deutsche Turnen. Als sechster Redner würdigte Nicolaas J. Cupérus, Vorsitzender des Belgischen Turnbundes, die Leistungen der DT und ihres Vorsitzenden Dr. Ferdinand Goetz, den er mit der Siegespalme auszeichnete.

Dieser künstlerisch gestaltete Palmenzweig aus Messing, umschlungen von einem Band aus Kupfer- und Messingblech, ist auf niederländisch „Aan Dr. F. Goetz" gerichtet. Die Medaille aus Messing und Silber zeigt das Symbol des Belgischen Turnbundes. In seiner Dankesrede betonte Goetz, dass die DT auch „… gegen die Kreise, die im Internationalismus ihr Heil erblickten", kämpfen müsse. Wie mag das der belgische Gast und langjährige Freund der DT aufgenommen haben? War er doch 1881 der Gründer der ersten internationalen Turnföderation FEG, später FIG, und deren Präsident. Gegensätzliche Positionen und Ausrichtungen – und doch zeichnete er den 87-jährigen Goetz aus.

Die deutsche Turnbewegung befand sich 1913 an einem Scheideweg. Der moderne Sport machte ihr Konkurrenz. Hier war Leistungssteigerung auf Siege, Medaillen und Rekorde gerichtet, ganz im Gegensatz zum Turnen, wo es zum Beispiel beim Turnfest 1913 im Zwölfkampf 271 und im Sechskampf 1268 Sieger (!) gab, die für die Erfüllung einer Mindestpunktzahl alle mit Kranz und Urkunde geehrt wurden. Die DT hatte bis dahin nur an den Olympischen Spielen 1908 in London teilgenommen. Nun sollten die Olympischen Spiele 1916 in Berlin stattfinden. In den Sportverbänden rüstete man auf für den Erfolg: ausländische Trainer wurden verpflichtet, Prüfungswettkämpfe ins Leben gerufen, das erste deutsche Großstadion in Berlin eingeweiht. Die Turnerschaft aber stand dieser Entwicklung ablehnend gegenüber. Wollte der Belgier Cupérus den härtesten, einflussreichsten deutschen Gegner des internationalen Sports, Ferdinand Goetz und dessen Verband, für Olympia 1916 erwärmen, den „Alten" versöhnlich stimmen?

Der Erste Weltkrieg ersparte der DT eine klare Position, die Spiele der VI. Olympiade fanden nicht statt. Goetz starb 1915, der Sitz der Organisation ging nach 55 Jahren von Leipzig nach Berlin. Der Palmenzweig indes blieb im sogenannten Goetz-Haus in Leipzig-Lindenau, landete dort in den 1930er Jahren auf dem Dachboden und wurde 1990 dem Sportmuseum übergeben. Er steht symbolisch für die Wertschätzung des Leipziger „Turnvaters" Goetz, aber ebenso für seine ablehnende Haltung gegenüber einem internationalen Sport.

78 GÜLDENE WÜRDE
Amtskette des Leipziger Stadtverordnetenvorstehers, Ernst Riegel, 1913

Das Jahr 1913 war für die damals blühende Großstadt Leipzig ein ganz besonderes, so ereignisreiche zwölf Monate gab es selten zuvor oder danach. Es war der Höhepunkt für Leipzig in der Belle Époque, bereits ein Jahr später sollte der Erste Weltkrieg ausbrechen.

Das Völkerschlachtdenkmal, die russische Gedächtniskirche sowie weitere Monumente in Erinnerung an 1813 wurden eingeweiht. Zahlreiche das Stadtbild prägende Bauten wurden fertig gestellt, so der Königsbau am Augustusplatz, die Leipziger Feuerversicherungs-Anstalt am Dittrichring (heute die „Runde Ecke"), der Industriepalast in der Friedrich-List-Straße, das Messehaus Dresdner Hof am Neumarkt oder das Leihhaus auf dem Wilhelm-Liebknecht-Platz, in dem sich heute das Finanzamt befindet.

Die erste Internationale Baufach-Ausstellung als Weltmesse der Branche sowie das XII. Deutsche Turnfest wurden ausgerichtet, die Deutsche Bücherei begann mit der Arbeit. Das Varieté Dreilinden, etliche Kinos, der Luna-Park am Auensee, das Klinikum St. Georg in der Delitzscher Straße sowie der Luftschiff- und Flughafen Mockau wurden eröffnet.

Der VfB Leipzig wurde zum dritten Mal deutscher Fußballmeister, die Deutsche Lebens-Rettungs-Gesellschaft wurde in Leipzig gegründet, die ersten Kraftomnibusse befuhren die Straßen. Der österreichische Lyriker Georg Trakl veröffentlichte beim frisch gegründeten, auf expressionistische Literatur spezialisierten und später legendären Kurt Wolff Verlag seinen ersten Gedichtband. Und acht ausgebrochene Zirkuslöwen hielten die Bevölkerung auf Trab, die berühmte „Leipziger Löwenjagd" fand statt.

Zur Eröffnung der Internationalen Baufach-Ausstellung trug der damalige Vorsteher der Stadtverordneten Karl Rothe – später von 1918 bis 1930 Oberbürgermeister – erstmals eine Amtskette in seiner Position. Diese war von 32 Leipzigern gestiftet und wenige Tage zuvor, am 30. April, übergeben worden. Bei feierlichen und repräsentativen Anlässen trat der Leipziger Oberbürgermeister schon seit 1910 mit einer Amtskette auf, entworfen und gefertigt von dem bedeutenden Goldschmied und Bildhauer Ernst Riegel. Diese erste Kette fand solche Beachtung, dass Riegel auch für die neue Arbeit beauftragt wurde.

Das Ergebnis kann sich sehen lassen und steht der noch heute genutzten Oberbürgermeisterkette in Sachen Schmuckkunst in nichts nach. Das filigran gestaltete Werk besteht aus Gold, Silber und mehreren emaillierten Platten, eingearbeitet sind die Schmucksteine Lapislazuli und Onyx. In den Kettengliedern sind Lindenblätter stilisiert dargestellt, auf den Platten selbst sind wichtige lokale Gebäude sowie Tagungsorte der Stadtverordneten abgebildet: das Alte und Neue Rathaus, die Alte Börse, das Völkerschlachtdenkmal, die erste Bürgerschule sowie das Grimmaische und das Peterstor. Die zentrale untere Platte zeigt das Stadtwappen, die darunter hängende goldgefasste Scheibe mit der Inschrift „Leipzig 1913" präsentiert eine stilisierte Linde und Symbole für Handel, Industrie, Wissenschaft und Kunst.

Im Jahr 1938 wurde die Amtskette zusammen mit der des Oberbürgermeisters dem Stadtgeschichtlichen Museum übergeben.

79 EIN WOLLWERK FÜR DEN FRIEDEN
Ehrenteppich für die Leipziger Weltkriegssoldaten, 1918

Am Abend des 2. August 1914 marschierten Leipziger Soldaten zum Bahnhof. Vom Straßenrand aus begleitete die Bevölkerung den Ausmarsch. Die Züge rollten Richtung Westen, gen Frankreich. Es war der Abend der allgemeinen Mobilmachung in Deutschland. Die Soldaten waren sich nicht bewusst, dass sie der ersten Katastrophe des jungen Jahrhunderts entgegenfuhren. Neben zwei Infanterieregimentern waren in Leipzig ein Ulanenregiment, ein Feldartillerieregiment und ein Trainbataillon stationiert. Sie alle sollten in den folgenden vier Jahren den realen Irrsinn des Krieges erfahren. Die meisten Leipziger Soldaten lernten die Hauptschauplätze kennen: von der Marneschlacht in den Osten nach Polen, Weißrussland und Russland, zurück nach Flandern in die Hölle vor Verdun, danach erneut nach Osten und im letzten Kriegsjahr in die flandrischen Schützengräben zurück. Etwa 7 700 Soldaten der Leipziger Einheiten sollten nicht heimkehren. Während Leipziger in den Kraterlandschaften um Langemarck und den schlammigen Ufern des Naroczsees starben, versuchten ihre Mitbürger zu Hause Gemeinschaftsgefühl und Durchhaltewillen im Krieg zu stärken. Besonders populär waren in den ersten Kriegsjahren sogenannte Nagelbilder. Auf Holztafeln gezeichnete Bildwerke patriotischen Inhalts, mitunter auch lebensgroße Holzplastiken, wurden mit Nägeln beschlagen. Jedermann konnte für eine Spende zugunsten der Kriegsfinanzierung einen Nagel erwerben und ihn persönlich einschlagen.

Leipziger Frauen wandelten diese Idee ab. Ein Ausschuss beauftragte den an der Leipziger Akademie tätigen Künstler Fritz Rentsch mit dem Entwurf eines zehn Meter langen und dreieinhalb Meter breiten Wandteppichs, der die später einmal heimkehrenden Soldaten empfangen sollte. „Ich grüße die Lebenden, die Toten beklage ich", so das Motto des Bildwerkes. Unter einem Leipziger Stadtwappen begegnen sich ein Ritter und eine weibliche Gestalt mit Palmenzweig. Seit 1916 wurden anstelle der oben erwähnten Nägel Stiche verkauft. Je nach Lage im Gesamtbild kostete ein solcher Stich, den jeder selbst ausführen durfte, zwischen fünf Pfennigen und fünf Mark. Der Erlös wurde für wohltätige Zwecke gestiftet, immerhin 24 000 Mark, neben den Unkosten für das Wollwerk von 9 000 Mark. Um die gewaltige Handarbeit emotional noch zusätzlich aufzuladen, wurde jeder Stich einem Kriegsteilnehmer gewidmet, dessen Name in einem Buch festgehalten wurde. 17 519 Soldaten sind so zum Paten des Leipziger Wirkwunders geworden. Allein 1 469 Nadelstiche sind Generalfeldmarschall Hindenburg zugeeignet worden.

Am 16. und 17. Dezember 1918 fanden sich die Reste der Leipziger Truppen auf dem Marktplatz vor dem Alten Rathaus zur feierlichen Begrüßung ein. Vom Turm des Rathauses grüßte der Teppich. Die letzten Stiche an dem ungewöhnlichen Werk hatte seinerzeit übrigens Max Klinger ausgeführt. Auch wenn es zum wohl größten Werk wurde, an dem der Leipziger Künstler mitwirkte, in dessen Werkverzeichnis hat es der Teppich nicht geschafft.

80 | WER SOLL DAS BEZAHLEN, WER HAT SO VIEL GELD?
Inflationskleid, Friedel Medam, 1926

Alljährlich darf man in Paris die neue Haute Couture bewundern, wenn man einen der begehrten Plätze am Catwalk ergattert. Für Modellkleider von Chanel, Dior und Co. blättert die Dame von Welt schon mal 80 000 Euro auf die Ladentheke oder besser noch, sie lässt das ihren Mann tun. Rein rechnerisch ist das längst noch nicht einsame Spitze. Ein Kleid unserer Sammlung verschlang einst immerhin eineinhalb Milliarden Mark. Am 20. Juni 1926 hat es die Leipzigerin Friedel Medam, ganz wie die großen Modelle, nur einen einzigen Tag getragen. Das Kleid hatte sie selbst aus sogenannten Inflationsgeldscheinen genäht, um damit gegen eine geplante Entschädigung der deutschen Fürsten zu protestieren. Seit der Novemberrevolution hatte sich der Streit um den ehemaligen Besitz der inzwischen politisch entmachteten deutschen Fürsten hingezogen. 1926 stand ein Volksentscheid an, bei dem die Bevölkerung einer entschädigungslosen Enteignung zustimmen sollte. Die Kommunistin Friedel Medam wollte mit ihrer ungewöhnlichen Garderobe deutlich machen, wen sie für die Schuldigen an der wirtschaftlichen Misere des Landes hielt. Ganz so unrecht hatte sie damit nicht.
Bereits während des Weltkrieges war es zur massiven Geldentwertung in Deutschland gekommen. Kriegsfolgelasten wie die Umstellung der Wirtschaft auf Friedensproduktion, die Wiedereingliederung der heimkehrenden Soldaten und die Unterstützung für Arbeitslose, Kriegsversehrte und Flüchtlinge verstärkten diesen Prozess weiter. Ein unmäßig überhöhter Banknotendruck bei schwindenden Goldreserven verursachte einen Geldüberhang, der zu Warenknappheit, Preistreiberei, Spekulation und Kapitalflucht ins Ausland führte. War im Jahr 1919 ein amerikanischer Dollar noch vierzehn Mark wert, konnte man ihn im August 1923 gegen schwindelerregende 4,2 Billionen Mark, eine Zahl mit zwölf Nullen, eintauschen. Den ständig steigenden Lebenshaltungskosten konnten die Löhne nicht folgen. Im November 1923 kosteten zwei Kilogramm Brot bereits zwölf Millionen Mark. Die Entwertung von Löhnen, Gehältern und Spargutachten führte zur Verarmung des Mittelstandes und zu großem Elend in der Bevölkerung. Die Arbeitslosigkeit wuchs dramatisch. Obwohl Stadtverwaltung und Wohlfahrtsorganisationen die allgemeine Not durch Volksspeisungen zu lindern suchten, brachen im Oktober 1923 erneut Hungerunruhen mit Plünderungen in Leipzig aus. Die Lage besserte sich erst durch eine Währungsreform. Das sogenannte „Wunder der Rentenmark" beendete die Inflation. Es folgte ein wirtschaftlicher Aufschwung mit Hilfe vor allem amerikanischer Kredite im Rahmen des „Dawes-Plans", der bis zur Weltwirtschaftskrise 1929 anhalten sollte. Dennoch sorgte die Frage einer Entschädigung der deutschen Fürstenhäuser, denen viele Deutsche Mitschuld am Krieg und dessen Folgen gaben, für heftige Kontroversen. Gerade die Absurditäten der Hyperinflation waren den Zeitgenossen noch in unguter Erinnerung.
Trotz der „milliardenschweren" Protestaktion Friedel Medams scheiterte der Volksentscheid am 20. Juni 1926. Die Entschädigungsfragen wurden in den folgenden Jahren durch Verträge zwischen den Ländern und den Fürstenhäusern geregelt.

81 MESSEFIEBER

Die Petersstraße in Leipzig zur Messe, Walter Zeising, 1926

Das Gemälde führt uns mitten ins goldene Zeitalter der Leipziger Messe in den 1920er Jahren. Die Leipziger Messe dieser Zeit hielt viele Superlative bereit, die man sich heute kaum noch vorstellen kann: So war beispielsweise der Leipziger Bahnhof während der Messetermine die größte Verkehrsdrehscheibe Europas, und die Stadt hatte seit 1923 das größte Fernsprechamt des Kontinents!

Etwa ein Sechstel der deutschen Warenproduktion wurde über die Leipziger Messe gehandelt, die Messen zählten oft mehr als zehntausend Aussteller, die Besucherzahlen gingen in die Hunderttausende. Zwischen 1919 und 1923 waren fünfzig neue Messehäuser in der Innenstadt gebaut worden, was die Platzprobleme jedoch nicht löste. 1920 wurde daher die erste Technische Messe auf dem neu hergerichteten ehemaligen Gelände der Internationalen Baufach-Ausstellung in der Nähe des Völkerschlachtdenkmals abgehalten.

Zum Boom der 1920er Jahre gehörte auch ein bis dahin unvorstellbarer Werbeaufwand, der die Stadt für kurze Zeit völlig veränderte. Jeder Aussteller, der sich in den Messehäusern der Innenstadt eingemietet hatte, wollte auch nach außen Aufmerksamkeit erregen, jedes Fenster wurde beflaggt, menschliche Litfaßsäulen trugen die Werbung durch die Straßen. Als auch das nicht mehr ausreichte, wurden auf dem Markt und auf dem Augustusplatz „Reklameburgen" errichtet, provisorische Gebäudekonstruktionen, die allein der Präsentation von Werbung dienten. Dieser Ausnahmezustand in den Straßen bot nicht nur Fotografen ungewöhnliche Motive, sondern inspirierte auch Maler und Zeichner.

Walter Zeising ist einer von ihnen. Ganz im Sinne der Stilrichtung des Expressionismus ließ er sich von der rasanten Geschwindigkeit und Mobilität, den Lichtern und dem Menschengewühl des pulsierenden Großstadtlebens faszinieren. 1926 malte er die Petersstraße in Blickrichtung Markt während der Messe. Rechts ist die Ecke des 1912 bis 1914 erbauten Warenhauses Althoff, des heutigen Karstadt, zum Preußergäßchen hin zu erkennen. Das Gebäude dahinter mit der schönen Glasfassade trug den Namen „Zur Flora". Hier befand sich das Seidenwarenhaus Jakobi, das unter den Nationalsozialisten „arisiert" wurde. Das Gebäude wurde im Zweiten Weltkrieg zerstört. Die Bauwerke bilden jedoch nur den Rahmen der Bildkomposition, im Zentrum der Aufmerksamkeit steht der Blick von einem hohen Standpunkt hinab in die Straßenschlucht voller Menschen, zwischen denen Automobile festzustecken scheinen, auf die flirrende Fülle der bunten Fahnen und Schilder, die an Fassaden und aus Fenstern hängen oder von Passanten herumgetragen werden. Sie überdecken und überlagern sich, sodass das Auge nicht weiß, wohin es zuerst blicken soll.

Auch in seinen druckgrafischen Arbeiten beschäftigte sich Zeising mit dem „modernen" Leipzig, er bannte zum Beispiel die beeindruckende Konstruktion der Bahnhofshalle oder des Untergrundmessehauses, das unter dem Leipziger Markt gebaut wurde, während der Bauphasen aufs Papier. Die Weltwirtschaftskrise von 1929 versetzte dem Boom der Leipziger Messe einen jähen Dämpfer, Nationalsozialismus und Krieg brachten das Messegeschäft dann nachhaltig zum Erliegen.

82 „HALLO, HALLO – HIER IST LEIPZIG"

Selbst gebautes Radio, Friedrich Wilhelm Kloeppel, um 1930

Radiogedudel kann man sich heute leider kaum mehr entziehen: ob in Geschäften, beim Friseur oder gar beim Arzt. Auf unzähligen Frequenzen laufen „die Hits von morgen", Gewinnspiele und Blitzermeldungen. Radio dient heute primär der Unterhaltung „nebenher". In der Zeit unseres selbst gebauten Radios, 1930, sah das in Deutschland noch ganz anders aus.

Zu Beginn des Radios war der Gedanke eines „Unterhaltungsfunks" noch in weiter Ferne. Man hatte vor allem den militärischen Nutzen im Sinne, eine Nachricht schnell an möglichst viele Empfänger zu verbreiten. Die erste musikalische Rundfunkübertragung fand live zu Weihnachten 1920 statt: Postbeamte spielten auf ihren Instrumenten, sangen und trugen Gedichte vor. Heute würde das wohl eher dem Programmpunkt „Comedy" zugeschrieben. Die Geburtsstunde des Deutschen Rundfunks mit der ersten Unterhaltungssendung aus Berlin wird auf den 23. Oktober 1923 datiert. Der erste Live-Kommentar – wie sollte es auch anders sein – wurde aus einem Fußballstadion gesendet: Preußen Münster gegen Arminia Bielefeld.

„Hallo, hallo – hier ist Leipzig ..." – diese Worte gingen am 1. März 1924 um 14.30 Uhr als erste Ansage aus Leipzig über den Äther. Damit war Leipzig die zweite Stadt Deutschlands, aus der gesendet wurde. Der Grund: Am darauffolgenden Tag eröffnete die Frühjahrsmesse. Zunächst beobachtete die Politik den Aufschwung des Radios eher skeptisch und kontrollierte sowohl die Inhalte als auch die Technik. Rundfunkgebühren wurden von der Reichspost erhoben. Zur Erfassung der Gebührenpflichtigen wurde eine Urkunde für jedes Radiogerät ausgehändigt. Die MIRAG, die Mitteldeutsche Rundfunk AG, die ihren Sitz in der Alten Waage im Zentrum Leipzigs hatte, war eine der Sendegesellschaften in Deutschland, die über Inhalte mitentscheiden durften.

Das Design der Radiogeräte spielte bald eine große Rolle: Ein Radio war kein reiner Gebrauchsgegenstand mehr – es war Möbelstück, Prestigeobjekt und Exempel der Technisierung in einem. Es war ein Symbol der Fortschrittlichkeit. Für den korrekten Bau wurden spezielle Kurse und kleine Anleitungshefte „Wie stelle ich mir einen Empfänger selbst her" angeboten. Unser selbst gebautes Radio ist ein solches Modell. Allerdings besaß der Erbauer, Friedrich Wilhelm Kloeppel, ein sehr fundiertes technisches Know-how: Er war Professor an der Technischen Hochschule Leipzig. Vielleicht hat er die Anleitung also nicht einmal gebraucht. Sein Radio war nicht sehr groß: zwanzig Zentimeter lang, fünfzehn Zentimeter hoch und breit. Technisch war es schon weit entwickelt: Kopfhörer wurden bereits durch Lautsprecher ersetzt, sodass die ganze Familie gespannt lauschen konnte.

Wenn man die Entwicklung der Radiogeräte vom Gettoblaster der 1990er Jahre bis hin zum Streamen von Radiosendern der ganzen Welt über das Smartphone betrachtet, so hat sich doch einiges getan; technisch definitiv zum Besseren. Dank der Vielzahl an unterschiedlichsten Sendern ist auch für jeden Geschmack etwas dabei: der reine Informations- oder Kultursender oder aber die bereits genannten „Hits von morgen" ...

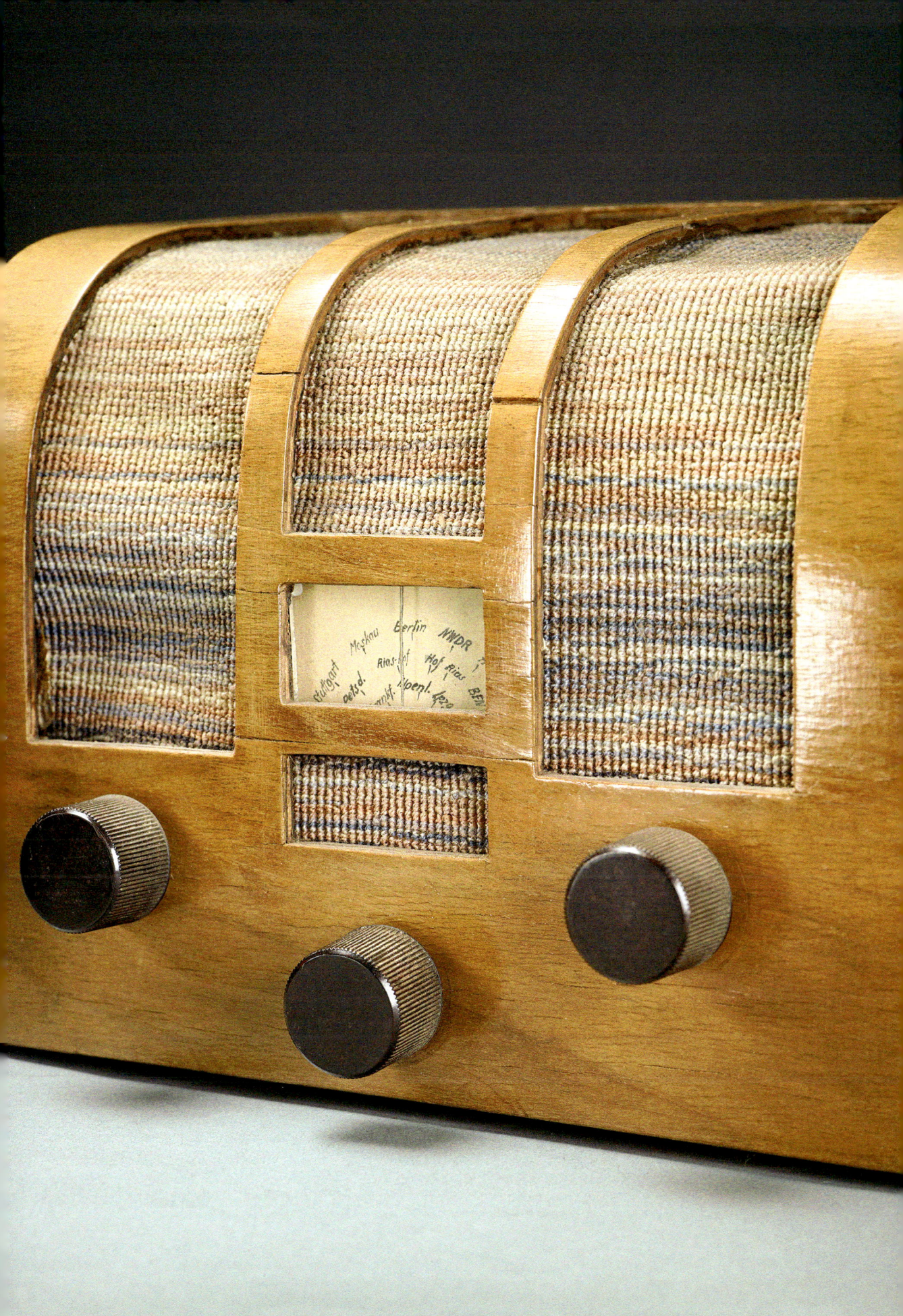

83 HINTER GITTERN
Zellentür aus der Leipziger Untersuchungshaftanstalt, um 1930

Kennen Sie die Geschichte von den verlorenen zwölf Stühlen und der irrsinnigen Suche nach dem richtigen, der die Familienschätze im Polster birgt? Ein wenig erinnert unser Objekt an jene Satire über die Bereitschaft des Menschen, nur allzu gern zu glauben, was ihm mit einiger Überzeugung serviert wird.

In der Nacht vom 27. auf den 28. Februar 1933 stand der Berliner Reichstag in Flammen, für die gerade an die Macht gekommenen Nationalsozialisten der geeignete Anlass, ihre Herrschaft mit Terror zu festigen. Im September 1933 wurde am Leipziger Reichsgericht der Prozess gegen die vorgeblichen Brandstifter begonnen. Neben dem Hauptbeschuldigten Marinus van der Lubbe standen auch drei bulgarische Kommunisten, unter ihnen Georgi Dimitroff, unter Anklage. Während Marinus van der Lubbe zum Tode verurteilt wurde, konnten die Nationalsozialisten trotz massiver Einflussnahme auf das Gericht den Freispruch der drei Bulgaren nicht verhindern. Der als politische Abrechnung geplante Schauprozess war für die braunen Machthaber zur Blamage geworden.

Nach dem Zweiten Weltkrieg avancierte Dimitroff zum bulgarischen Nationalhelden. Am Ort seines Leipziger politischen Triumphes wurde zu DDR-Zeiten ein Museum eingerichtet. Für die Ausstellung wanderten aus jenem Gefängnis, in dem Dimitroff seinen Prozess erwartet hatte, die Zellentür und einiges Interieur ins Museum. Dort sollten sie authentisches Zeugnis vom Wirken des wortgewaltigen Kommunisten geben. Zehn Jahre später wurde in Sofia ein weiteres Dimitroffmuseum eingerichtet. Und natürlich bat man um geeignetes Inventar aus der Haftanstalt. Das wurde wunschgemäß ausgebaut und ging auf Reise Richtung Osten inklusive einer zweiten Zellentür, die fortan in der bulgarischen Hauptstadt ebenfalls als jene eine, wirkliche galt.

Um das Verwirrspiel komplett zu machen, erhielt eine Filmgesellschaft wenig später vom Leipziger Dimitroffmuseum eine dritte Zellentür als Leihgabe für einen historischen Film. Nach Fertigstellung des Films wurde die Tür kurioserweise an das Leipziger Gefängnis zurückgeschickt. Dort richtete man ein Museumszimmer für Dimitroff ein. Das bekamen aber hauptsächlich nur jene zu sehen, die hier gar nicht sein wollten – die Gefangenen. Von nun an waren drei Türen im Spiel, die allesamt als das Original galten, hinter dem die Nazis ihren politischen Gegner unter Verschluss gehalten hatten.

Die hier zu sehende Zellentür mit der Nummer 49 stammt aus dem 1990 aufgelösten Dimitroffmuseum. Ob sie die richtige ist? Tatsache bleibt: Sie stammt aus der Haftanstalt in der Alfred-Kästner-Straße, in der nicht nur die Nationalsozialisten ihre politischen Opfer gefangen hielten, sondern später auch die Staatssicherheit der DDR Missliebige wegsperren ließ! Ein Beispiel für Kontinuität und Wandel, für Objekte, die unser Bild von der Vergangenheit prägen und nicht zuletzt auch für die Aussagekraft von Dingen im Museum ist es allemal.

84 ALS DIE ZEIT STEHEN BLIEB

Taschenuhr, stehen geblieben beim Bombenangriff auf Leipzig am 4. Dezember 1943

Seit Jahrzehnten zeigt eine Taschenuhr die gleiche Zeit an. Sie blieb stehen, als die Bomben fielen. Sie hat damit einen Moment eingefroren, einen Moment des Horrors.

„Haddock", Schellfisch – unter diesem Decknamen wurde während des Zweiten Weltkrieges der schwerste Bombenangriff auf Leipzig geplant. Die Stadt war ein wichtiger Produktionsort der deutschen Flugzeugindustrie. Kein Wunder, dass die Alliierten hier ein wichtiges Ziel ihrer Luftangriffe sahen. Am 3. Dezember 1943 starteten 527 Flugzeuge jenseits des Kanals, 432 von ihnen erreichten Leipzig.

Bereits seit Monaten hatte das gellende Heulen der Alarmsirenen den Alltag der Leipziger bestimmt. Griffbereite Koffer mit den wichtigsten Habseligkeiten gehörten zur Grundausstattung der Bewohner. Oft blieben nur Minuten, um den schützenden Keller zu erreichen. Die Angst vor dem Inferno des Bombenhagels wurde zum ständigen Begleiter. Eigens errichtete Schutzräume und Bunkeranlagen boten nur Wenigen eine begrenzte Sicherheit, während die Welt in Trümmer sank. Der normale, luftschutzgerecht ausgebaute Hauskeller mit seinen gewölbten Ziegeldecken aber konnte höchstens vor Brandbomben und Splittern schützen, bei einem Volltreffer wurde auch er für die Bewohner zum Grab.

Die Stadt schlief, als am 4. Dezember kurz vor vier Uhr die ersten Maschinen am Himmel über Leipzig zu hören waren und bald darauf gewaltige Mengen von Spreng- und Brandbomben abwarfen. Die Luftschutzbehörden schätzten, dass auf Leipzig binnen einer halben Stunde achtzehn Luftminen, neunhundert Spreng-, 85 400 Stabbrandbomben und 17 400 Phosphorbomben niedergingen. Die Leipziger Flugabwehr blieb weitgehend wirkungslos. Viele Kulturdenkmäler wie die Oper oder das Alte Theater wurden zerstört. Vor allem aber traf der Angriff Wohnhäuser. Die Rüstungsproduktion hingegen kam glimpflich davon.

Mitten in diesem Inferno hatte auch der Kanzleisekretär Friedrich Louis Pabsch zusammen mit 73 Bewohnern zweier benachbarter Häuser in der heutigen Reichpietschstraße Schutz gesucht. Sie hatten gehofft, wie bei den vorangegangenen Angriffen Glück zu haben und davonzukommen. Doch vergeblich. Die Bomben trafen das Haus; unter der Last des einstürzenden Gemäuers gab auch die Decke des Kellers nach und begrub all jene, die auf Schutz gehofft hatten. Keiner überlebte. Die später aufgefundene Taschenuhr des Kanzleisekretärs aber war wenige Minuten nach dem Angriff stehen geblieben, der Minutenzeiger war abgebrochen.

Mehr als 1 800 Leipziger starben in jener Nacht. Als der Morgen endlich graute, war den Überlebenden klar geworden: Der Krieg hatte auch Leipzig endgültig erreicht.

85 EIN STÜCK HEIMAT
Koffer von Hedwig Burgheim, um 1930

Über Koffer gibt es sehnsuchtsvolle Lieder: Dass sie helfen, einen Ort wiederzufinden oder zurückzukehren. „Ich hab' noch einen Koffer in Berlin ..." sang etwa die vielgereiste Hildegard Knef. Auch der Pappkoffer, um den es hier geht, wurde oft gepackt. Als sogenannter „Schiffskoffer" war er groß und trotz seiner Leichtigkeit sogar sehr haltbar. So klobig baute man Anfang des 20. Jahrhunderts Gepäckstücke für lange Reisen. Die wichtigsten Dinge eines ganzen Lebens konnten darin untergebracht werden.

Er gehörte der 1887 geborenen Leipziger Pädagogin Hedwig Burgheim. Aus einer liberalen jüdischen Familie stammend, leitete sie erfolgreich von 1920 bis 1933 in Gießen eine Berufsschule für Kindergärtnerinnen. Den Koffer eines dort ansässigen Herstellers hat sie sicher in dieser glücklichen Zeit gekauft. Vom Berufsverbot der Nationalsozialisten ihrer Existenz beraubt, packte sie 1935 ihre Sachen, um zurück nach Leipzig zu ihrer Familie zu ziehen, wo sie eine jüdische Haushaltsschule aufbaute. Burgheim gehörte zu den Menschen, die bis zuletzt für ihre bedrängten Glaubensgenossen organisierten und sorgten. Nach der Zerstörung der Schule in der Pogromnacht 1938 arbeitete sie bis 1942 als Lehrerin und leitete das jüdische Altersheim in der Nordstraße 15, wo sie zuletzt auch wohnte. Der Koffer begleitete sie wohl ab 1940 bei diesen erzwungenen Umzügen in sogenannte „Judenhäuser". Die Gestapo missbrauchte die Häuser jüdischer Eigentümer als kleine, gut kontrollierbare „Gettos". Nur wenige persönliche Dinge konnte man dorthin mitnehmen. Hedwig Burgheim muss deshalb am Existenzminimum und „aus dem Koffer" gelebt haben. Ihr gesamtes Leben war streng geregelt, für Übertretungen der vielen Verbote gab es harte Strafen. Wem wie Hedwig Burgheim die Emigration nicht gelang, wurde von hier in die Vernichtungslager Osteuropas deportiert. Von den mehr als 13 000 Juden, die 1933 in Leipzig lebten, wurden fast dreitausend dort ermordet.

Dieses Schicksal vor Augen, packte Hedwig Burgheim 1943 trotz Verbots den großen Koffer und brachte ihn heimlich zu früheren Nachbarn. Ein Rest Hoffnung auf Rückkehr schwang wohl mit. Wir wissen nicht, was er enthielt: Dokumente, Fotos, ein paar kleine Wertgegenstände, Kleidung? Hedwig Burgheim wollte die kleine Chance nutzen, diese Dinge wiederzubekommen. Sie hoffte, dass ihr Besitz nicht wie bei anderen Deportationen von der Stadtverwaltung verramscht werden würde. „Die Seligkeiten vergangener Zeiten sind alle noch in meinem kleinen Koffer drin ...".

Doch sie konnte ihn nicht wieder auspacken. Hedwig Burgheim wurde am 27. Februar 1943 in Auschwitz ermordet. 1945 erhielt ihr überlebender Neffe Rolf Kralovitz den Koffer auf der Suche nach seinen verschleppten Verwandten zurück – geleert. Die Gründe dafür, eigene Not, Gier oder Angst, lassen sich nicht mehr klären. Von Hedwig Burgheims aktivem Leben ist daher nicht viel mehr überliefert als einige Fotos und Dokumente. Die Geschichte ihres Koffers endet damit noch nicht. Kralovitz benutzte ihn in der Notzeit der Nachkriegsjahre selbst immer wieder, denn er wanderte mit ihm 1946 in die USA aus. Als er einige Jahre später nach Westdeutschland zurückkehrte, begleitete ihn das Erinnerungsstück an seine Familie ebenfalls. Ins Museum gelangte es mit dieser Geschichte als Inhalt.

86 | MÖRDERISCH
Panzerfaust, Modell 60, 1944

Zum Kern der Leipziger Rüstungsproduktion gehörten Munition, Bomben, Granaten, Baugruppen für Kampfflugzeuge und U-Bootteile, in geringem Umfang auch militärische Kraftfahrzeuge. Die deutsche Kriegswirtschaft einschließlich der Landwirtschaft konnte nur durch den systematischen Einsatz von Zwangsarbeitern am Laufen gehalten werden.

1944 waren 41 094 Zwangsarbeiter und KZ-Häftlinge in den Rüstungsbetrieben der Messestadt tätig. Exemplarisch für die Verflechtung der Rüstungsindustrie mit nationalsozialistischen Institutionen und der massenhaften Ausbeutung von Zwangsarbeitern ist die Hugo Schneider AG (HASAG), die sich vom Lampenhersteller zu einem der bedeutendsten Rüstungskonzerne des Deutschen Reiches entwickelte. 1930 hatte die HASAG tausend Beschäftigte und einen Jahresumsatz von fünf Millionen Reichsmark. Seit 1933 lieferte das Unternehmen Munition für die Wehrmacht. 1939 war der Jahresumsatz auf 22 Millionen Reichsmark gestiegen. Das Stammwerk in Leipzig wurde von 1935 bis 1939 weiter ausgebaut und stieg bis zum Kriegsende zum größten Rüstungsbetrieb in Mitteldeutschland auf.

Seit 1942 war die HASAG alleiniger Hersteller der von ihr entwickelten Panzerfaust. Diese Waffe wurde auf der Grundlage der Faustpatrone von der Hugo Schneider AG entwickelt und zunächst im KZ-Außenlager Schlieben produziert. Später kamen weitere Produktionsstätten hinzu. Das Ergebnis war ein einfaches Werferrohr mit einem Gesamtgewicht von weniger als zehn Kilogramm. An der oberen Seite des Rohrs befand sich eine einfache aufklappbare Zielvorrichtung und der darin enthaltene Abzug, an der Vorderseite ein 3,3 Kilo schweres Geschoss mit ungefähr 1,6 Kilogramm Sprengstoff.

Die notwendigen Arbeitskräfte, vor allem Frauen, rekrutierte die HASAG aus dem gemeinsam mit der SS unterhaltenen Außenlager des Konzentrationslagers Buchenwald. Die Arbeits- und Wohnbedingungen im Leipziger HASAG-Lager waren unmenschlich – „Vernichtung durch Arbeit" lautete die Devise.

Selbst 1945 wurden noch über zwei Millionen dieser Waffen hergestellt und an Soldaten sowie an den Volkssturm ausgegeben. Insgesamt wurden 6,7 Millionen Panzerfäuste produziert. Mit einer derartigen Waffe wurde noch am 18. April 1945 am Felsenkeller, einem Leipziger Vergnügungslokal, ein Panzer der 2. Infanteriedivision von einem Hitlerjungen abgeschossen. Die hier abgebildete Originalwaffe stammt aus dem Militariahandel und wurde 1944 produziert.

Nach Kriegsende begann man im Stammwerk Leipzig Kochtöpfe, Milchkannen und Lampen zu produzieren. Bis 1947 beschlagnahmte die sowjetische Besatzungsmacht schließlich alle Maschinen und Anlagen als Reparationsleistungen. Die meisten Betriebsgebäude wurden gesprengt. Heute gibt es auf dem ehemaligen HASAG-Gelände eine Gedenkstätte zur Erinnerung an die zahllosen Zwangsarbeiter in Leipzig.

87 GESCHMACK DER REPUBLIK
Werbeplakat, Gottfried Haupt, 1955

Topfgucken macht Appetit. Vati schaut schon mal nach, und Mutti kann ihm froh erklären, wo sie die leckeren Zutaten gekauft hat – natürlich in einem Laden der Konsum-Genossenschaft! So heiter und leicht war das Leben 1955, endlich. Wirklich? Seit genau zehn Jahren war der Krieg vorüber, aber leider noch nicht das schlechte Leben. Leipzig hatte aufgeräumt, enttrümmert, enteignet, verstaatlicht, aufgebaut. Meist so gut oder schlecht wie in anderen Orten der DDR auch, denn fast alle politischen Veränderungen waren zentral verordnet. Doch mehr als die Grundversorgung war oft nicht garantiert. Gute Lebensmittel, Kleidung und andere „Waren des täglichen Bedarfs" gab es zunächst auf dem Schwarzmarkt, dann zu horrenden Preisen in den neuen Geschäften der staatlichen Handelsorganisation HO. So richtig konnte die alles kontrollierende DDR nicht mit dem Wirtschaftswunder mitziehen, das sich vor aller Augen in der kapitalistischen Bundesrepublik in jenen Jahren entwickelte. Der Wettlauf mit den „Imperialisten" war eine Herausforderung für die Funktionäre, maßen doch die Menschen in der DDR ihren Lebensstandard ständig mit dem von Tante Erna im Westen.

Da half auch die wissenschaftliche Weltanschauung wenig, auf die sich die Staatspartei SED berief. 1950 hatte der neu gegründete Staat einen ersten Fünfjahrplan auf den Weg gebracht, der die Produktion in ungeahnte Höhen schrauben und damit die Versorgung verbessern sollte. Der Plan war, bis 1955 das Vorkriegsniveau zu erreichen oder sogar zu übertreffen und Lebensmittelmarken möglichst abzuschaffen. Die Läden der traditionellen Konsum-Genossenschaft mit ihrer Leipziger Regionalzentrale spielten dabei eine große Rolle. Sie wurden zwar nicht so bevorzugt beliefert wie die HO, sorgten aber flächendeckend für die täglichen Lebensmitteleinkäufe. Doch die hehren Planziele waren nicht zu schaffen und wurden in manchen Wirtschaftsbereichen krachend verfehlt. Der Sinn der Planwirtschaft wurde aber nie offiziell kritisiert. Dafür betonte man gern das Neue, Positive, auch wenn es nur wenig Effekt brachte.

Dazu gehörten, wie das Plakat stolz verkündete, die neuen Handelsbeziehungen mit den sozialistischen Bruderländern, allen voran der Sowjetunion. Produkte aus dem Osten waren ideologisch gut, solche aus dem Westen hingegen ein Problem. Sie waren zwar theoretisch verfügbar, aber auch teuer, denn auf dem Weltmarkt galt die DDR-Währung nichts. Daher mussten Einfuhren aus den ebenfalls durchgeplanten Nachbarländern wie Polen, der Tschechoslowakei oder Ungarn her.

Also lobte der Leipziger Grafiker Gottfried Haupt im Auftrag der Konsum-Werbung brav die Entwicklungen des Fünfjahrplans, auch wenn sich keinerlei politische Losung auf seinem Plakat findet. Beim Einkaufen machte die humorvolle Koch-Szene aufmerksam, und wer weiterlas, wurde über die Leistungen des Handels belehrt. Der Appetit konnte jedoch schnell wieder vergehen, wenn Butter, Fisch und Gemüse im Konsum mal wieder nicht zu kaufen waren.

88 | TÄVES RENNMASCHINE
Straßenrennrad von Gustav-Adolf Schur, 1963

Ein Diamant-Rad Modell 167 mit Schaltwerk und Getränkehalter der Marke „Huret" aus Frankreich, Felgen, Naben, Lager, Kette und Sattelstütze von der italienischen Firma Campagnolo, einem Sattel von Brooks England Ltd., Bremsen vom Typ „Vainqueur 999" der Schweizer Firma Weinmann, Bremshebel „MAFAC" aus Frankreich sowie Kowalit-Reifen aus Waltershausen, „Infesto"-Langstreckenpedalen aus Dresden, einem Kettenblatt-Umwerfer der Firma RENAK aus Reichenbach im Vogtland und einem Lenker-Vorbau der Grünert KG aus Hetzdorf-Flöhatal – das ist Gustav-Adolf „Täve" Schurs Rennrad in unseren Sammlungen.

1977 wurde es vom Sportclub der Deutschen Hochschule für Körperkultur Leipzig, Schurs früherem Club, als „Täves Weltmeisterschaftsrad" für das neu gegründete Sportmuseum Leipzig gestiftet und dort bis 1991 ausgestellt. Schur, 1931 geboren, hatte 1955 und 1959 die Internationale Friedensfahrt sowie 1956 und 1959 die Weltmeisterschaft der Amateure im Straßenradsport gewonnen. 1960 wurde er zur Legende, als er bei der WM auf dem Sachsenring mit einer taktischen Meisterleistung die Konkurrenz auf sich konzentrierte und sein Mannschaftskamerad Bernhard Eckstein so zum Sieg fahren konnte.

Der Mann ist Mythos – und sein Rad ist das meistgeliehene Objekt aus der sporthistorischen Sammlung des Stadtgeschichtlichen Museums. 2009 meldete ein Mitarbeiter von Diamant Zweifel an der Datierung an. Die Überprüfung der Rahmennummer ergab, dass dieses Rad, präziser: sein Rahmen, erst 1963 hergestellt wurde. Skepsis kam auf. Ist es überhaupt ein Rad vom Idol des DDR-Sports?

Damit konfrontiert, kam der gelernte Maschinenmechaniker Schur ins Museum. „Das ist ein Rad von mir! Kein anderer Fahrer hatte damals den Schalthebel für den Umwerfer oben am Flaschenkorb. Den habe ich mir dorthin gebaut, weil ich dann beim Schalten die Position des Körpers nicht verändern musste und meine Konkurrenten auch nicht gleich merkten, wenn ich was vorhatte." Radsportexperten bestätigten, dass der Umwerferhebel am Lenker ein Markenzeichen von Schur war. Damals konnte jeder Rennfahrer sein Rad individuell ausstatten, nur der Diamant-Rahmen war für die DDR-Fahrer Pflicht. Das volkseigene Diamant-Werk in Karl-Marx-Stadt sorgte vor allem bei den Friedensfahrtmodellen für bestes Zubehör und verwendete Spitzenprodukte in- und ausländischer Firmen. Das wussten aber nur Insider. Offiziell fuhr die DDR-Elite Diamant-Räder.

Heute hat jedes Team seinen Ausstatter. Die Athleten werden vermessen, der Rahmen wird individuell angepasst. Alle anderen Teile sind gleich. Einzige Ausnahme ist der Sattel, mit dem der Radsportler über Tausende Kilometer eine enge, aufreibende Verbindung eingehen muss. Der Umwerferhebel am Lenker ist heute Standard, selbst beim Rad des Freizeitsportlers.

Schur beendete seine Laufbahn 1964, still und ohne öffentliche Ankündigung. Zuvor hatte er bei der Friedensfahrt als Mannschaftskapitän sein Team noch zweimal zum Sieg geführt. Als 1963 sein auch in der Einzelwertung führender Klubkamerad Klaus Ampler auf der drittletzten Etappe Reifenschaden hatte, lieh Täve ihm blitzschnell sein Rad. Ampler verteidigte das Gelbe Trikot und wurde Gesamteinzelsieger. So hat unser Rad doch seine Meriten und im wahrsten Sinne des Wortes Gutes vollbracht.

89 | LEIPZIGER VON WELT
Messemännchen, Gerhard Behrendt, 1965

Zugegeben, die Mode ist etwas in die Jahre gekommen. Welcher Geschäftsmann reist heute noch mit steifem Hut und Fliege durch die Welt, von der Pfeife ganz zu schweigen? Der runde Globuskopf zeugt trotz seiner Bräune nicht gerade von sportlicher Fitness. Was vor einem halben Jahrhundert den Mann von Welt ausmachte, ist inzwischen von gestern. Aber gleichzeitig hat die Figur den gewissen „Retro-Chic", verbindet seriöse Tradition mit der strahlenden Weltläufigkeit der sechziger Jahre, als ein Aufbruch in die technische Moderne im Sozialismus wie im kapitalistischen Rest der Welt greifbar nahe schien.

Bis dahin hatte die Leipziger Mustermesse zwar das bekannte Logo des Doppel-M, aber kein Maskottchen. 1965 feierte das Messeamt achthundert Jahre Leipziger Messen. Man suchte dafür nach einer Identifikationsfigur für den weltweiten Leipziger Handel, das internationale Aushängeschild in der sonst abgesperrten DDR. Zwar gab es die Figur eines livrierten Dienstmannes auf diversen Drucksachen, aber Service hin oder her, dieser passte weder zum Selbstverständnis des Arbeiter- und Bauernstaates noch zum technikgeprägten Lebensgefühl der Sechziger. So wurde der Berliner Puppengestalter Gerhard Behrendt, der kurz vorher bereits das beliebte Fernseh-Sandmännchen geschaffen hatte, mit dem Entwurf beauftragt. Zur Herbstmesse 1964 wurde das ideologisch neutrale Ergebnis der Presse vorgestellt: ein in den Messe- und Stadtfarben blau und gelb gekleidetes Männchen mit Globuskopf und allen damaligen Insignien des Handelsreisenden. Die Messebesucher fanden sich darin wieder, und so produzierte die Puppenfabrik Waltershausen, ab 1972 verstaatlicht als VEB biggi, bis zum Ende der DDR mehr als 400 000 Stück.

Der Sympathieträger steht für die Messe während der Teilung Europas, in der Leipzig politische Bühne, Verhandlungsort für die Wirtschaft, Sehnsuchtsort für den DDR-Touristen war. Mit ihren Waren und ihrem Menschengewimmel war die Messe mehr denn je eine Schaltstelle zwischen Ost- und Westeuropa und ein „Schaufenster" in das jeweils andere politische System.

Doch mit dem Ende der Universalmesse 1992 schien auch des Messemännchens Ende gekommen. Im Westen war man schon längst davon abgekommen, alle Warengruppen zu einem Termin anzubieten, und hatte zu Spezialmessen gewechselt. Auch die seit dreißig Jahren unveränderte Form des eigentlichen Glücksbringers schien vor allem die Stagnation der DDR zu atmen, ganz so wie viele Produkte der volkseigenen Industrie. Das Outfit des Mannes passte nicht mehr in die Zeiten des Aufbruchs. Zum Glück haben sich die Messe-Verantwortlichen 2003 auf den Wiedererkennungswert besonnen. Mit der erfolgreichen Etablierung des Geschäfts am modernen Standort Neue Messe, vielen Spezial- und Publikumsmessen und einem regen Kongressbetrieb kam sein Comeback. Inzwischen gibt es die Figur auch noch sächsischer, als erzgebirgisches Räuchermännel. Damit ist es einer der wenigen Messeteilnehmer, der noch in den Ausstellungshallen rauchen darf.

90 | PROST LEIPZIG!
Bierflasche „Pilsner Spezial", 1965

Die Leipziger feiern gern – und Anlässe gibt es genug. Die urkundliche Ersterwähnung der „urbs Libzi" im Jahr 1015 durch Bischof Thietmar von Merseburg beschert Leipzig 2015 seinen 1000. Geburtstag. Nun werden sich diejenigen wundern, die noch gut das letzte große Stadtjubiläum im Jahr 1965 in Erinnerung haben. Damals stießen die Leipziger und ihre Gäste auf achthundert Jahre Stadt- und Marktrechtsverleihung durch Markgraf Otto von Meißen an. Die Historiker sind heute der Ansicht, dass die Ersterwähnung der Stadt ihre Geburtsstunde am besten repräsentiert. So schnell können aus fünfzig Jahren zweihundert werden.

Das Jubiläumsbier der Leipziger Sternburg-Brauerei von 1965 verweist auf seinem Kronkorken und Flaschenetikett auf achthundert Jahre Messe- und Stadtgeschichte. Die kleine braune Bierflasche mit konischem Hals könnte als proletarische Flasche im Arbeiter- und Bauernstaat bezeichnet werden. Sie hat die sogenannte Steinieform und enthält 330 Milliliter. Erstmals 1953 normiert, hat sie durch ihre gedrungene Form einen stabileren Stand und ist beim Fallenlassen auch bruchsicherer als herkömmliche Flaschen. Im Norden nennt sie der Bierkenner gerne „Knolle", im Süden „Stubbi". Im Baugewerbe ist sie auch als „Maurerpulle" oder „Maurerbombe" bekannt.

Die Sternburg-Brauerei blickte 1965 auf eine knapp zweihundertjährige Geschichte zurück. Sie beginnt mit dem Leipziger Kaufmann und Wollhändler Maximilian Speck. Dieser erwarb 1822 das Rittergut Lützschena nordwestlich von Leipzig samt Brauhaus. Neben der Bierbrauerei führte er auch einen landwirtschaftlichen Musterbetrieb mit Schafzucht und Obstanbau ein. Aufgrund seiner erfolgreichen Unternehmungen erhob ihn der bayerische König Ludwig I. in den Freiherrenstand. Seitdem nannte er sich Maximilian Freiherr Speck von Sternburg. In der Brauerei-Historie ist das der Beginn des Markennamens für das Bier aus dem Leipziger Norden: 1882 firmierte das Haus als Freiherrlich Sternburgsche Brauerei. Hergestellt wurde ein bekömmliches untergäriges Bier, das sich zunehmender Beliebtheit erfreute. Um die steigende Nachfrage zu bedienen, wurden die Produktionsanlagen permanent modernisiert, und ab 1892 konnte das Bier auch in Flaschen ausgeliefert werden. Ende der 1930er Jahre betrug die jährliche Bierproduktion 250 000 Hektoliter. Zu DDR-Zeiten gehörte die Sternburg-Brauerei zum VEB Getränkekombinat Leipzig. Nach 1989 produzierten dort rund fünfhundert Beschäftigte etwa 500 000 Hektoliter Bier. 1991 wurde die Produktion nach Reudnitz, einen im Osten Leipzigs gelegenen Stadtteil, verlagert, und der Standort Lützschena wurde aufgegeben. Sternburg-Bier gehört heute zum Niedrigpreissegment der Radeberger-Gruppe und wird mit dem Slogan „Merke Dir – Sternburg Bier" vermarktet.

91 MATROSENKLEIDUNG FÜR DAS KIRCHENSCHIFF
Thomanerbluse, um 1966

Diese Bluse war nicht für Mädchen gedacht! Der Junge, der sie vor fast einem halben Jahrhundert trug, hieß Stefan, war zehn Jahre alt – und konnte singen. Sehr gut sogar, denn sonst wäre er nicht aufgenommen worden in den Thomanerchor. Dessen Markenzeichen war Mitte der 1960er Jahre die „Kieler Bluse", und sie ist es bis heute geblieben. Der Knabe sang in dieser Konzertkleidung der jüngeren Thomaner bis zum Stimmbruch nicht nur unzählige Bach-Kantaten und -Passionen in der Thomaskirche mit, sondern erlebte darin auch Auslandsauftritte: in der Sowjetunion, Polen und der ČSSR. Zu Beginn seiner Chorzeit – er sang Sopran – saß die dunkelblaue Baumwollbluse mit dem gestreiften Exerzierkragen noch etwas steif. Auch wurde es an heißen Sommertagen, an denen sie mit einer kurzen Hose kombiniert werden durfte, in den langen Ärmeln schnell zu warm. Dennoch trug ihr junger Besitzer sie voller Stolz und Inbrunst: Thomaner zu sein war eine Ehre.

Sich den Thomanerchor ohne Matrosenblusen vorzustellen – unmöglich! Doch von den über achthundert Jahren, die es den Leipziger Traditionschor bereits gibt, prägt die „Kieler Bluse" erst seit vergleichsweise kurzer Zeit das Erscheinungsbild. Nachdem das Thomaskloster im Zuge der Reformation aufgelöst worden war und die Thomaner von Klosterschülern zu städtischen Sängerknaben wurden, setzte sich als Chorkleidung zunächst die Kombination aus Dreispitz, Perücke und Mantel durch. Nach und nach wurden diese Kleidungsstücke ersetzt oder abgeschafft. Erst seit dem Ende des 19. Jahrhunderts traten die Thomaner in der charakteristischen Matrosenbluse auf. Zu dieser Zeit war in Deutschland der Marinelook bei Jungen wie Mädchen gerade groß in Mode. Der Trend kam ursprünglich aus dem viktorianischen England; zum Trendsetter wurde Kaiser Wilhelm II. Der marinebegeisterte Monarch ließ für seine Kinder Matrosenanzüge schneidern und propagierte sie als patriotische Kleidungsstücke. Sie wurden zum Klassiker für Kinder im Kaiserreich. In Kiel entstand eine Textilfabrik für Matrosenanzüge.

Im Thomanerchor gab es zwei Versuche, mit der Tradition der „Kieler Bluse" zu brechen. Nach der Aufnahme des Chores in die Hitlerjugend 1937 mussten die Knaben bei offiziellen Anlässen in der Jungvolkuniform auftreten. Auch in der DDR sollte Anfang der siebziger Jahre die Chorkleidung der „neuen Zeit" angepasst werden. Die modernen Anzüge der Männer sowie die kurzen Hosen und weißen Hemden der Jungen wurden aus dem synthetischen Gewebe „Präsent 20" genäht. In der Praxis erwies sich der luftundurchlässige Stoff aber als untauglich – bei der ersten Japantournee 1975 kam es bei etlichen Sängern zum Hitzestau. Ein Dreivierteljahr später durften die Thomaner aufatmen und wieder „Kieler Blusen" tragen.

Stefan hat die Reise nach Japan noch miterlebt, wenn auch längst im Männerchor und der Bluse entwachsen. Er hielt sie als Erinnerungsstück aus Kindertagen in Ehren. 1966 musste sie übrigens von seiner Mutter noch käuflich erworben werden. Mittlerweile gibt es im Chor einen großen Konzertanzugfundus. Allerdings sind die „Kieler Blusen" nun geliehen und müssen nach dem Herauswachsen wieder zurückgegeben werden.

92 | DER MAGISCHE BLICK
Fotografie „Renate", Günter Rössler, 1969

Sehnsuchtsvolle Augen, Licht und Schatten, Stille, Natürlichkeit, manches nur zu erahnen – eine großartige Inszenierung weiblicher Schönheit!

Die Fotografie aus dem Jahr 1969 steht beispielhaft für das Œuvre des Leipziger Fotografen Günter Rössler. Sein Freund und Kollege Roger Rössing aus „wilden DDR-Tagen" beschrieb es so: „... an den Traum glauben, aber das Leben aufmerksam beobachten, das ist wohl eines der Geheimnisse, die Günter Rösslers Bilder so unverwechselbar machen." Das Bild zeigt Renate Stephan, das Lieblingsmodel von Günter Rössler. Sie war als Jugendliche von dem Fotografen angesprochen worden, zunächst für Modeaufnahmen für die DDR-Zeitschriften „Modische Maschen" oder „Sybille". Später folgten Aktaufnahmen. Viele Jahre arbeiteten der Fototgraf und sein Model zusammen, es verband sie eine enge Freundschaft.

Dem seit den 1970er Jahren auch international renommierten Leipziger Reportage-, Mode- und Aktfotografen ist es zu verdanken, dass die Fotografie in der DDR wieder an die Avantgarde und künstlerische Tradition der deutschen Fotografie der Vorkriegszeit anknüpfen konnte. Bereits in den 1950er Jahren entwickelte er einen persönlichen Stil, dem er bis zuletzt treu blieb; sorgsam arrangierte Bildkompositionen, Spiel mit Licht und Schatten – Einfachheit, Natürlichkeit und Authentizität. So schuf er in seinen intimen Bildwelten Stimmungen privater Vertrautheit, die zu seiner unverwechselbaren Handschrift wurden. Mit dem Medium der klassischen Schwarz-Weiß-Fotografie kreierte Günter Rössler ästhetische Momente, in denen die Nacktheit des weiblichen Körpers in kostbarer Natürlichkeit gezeigt wird, mit dem Anspruch, die Persönlichkeit der Frau zu wahren und ihre Intimität zu schützen. Sein Werk zeichnet sich durch eine zeitlos elegante Ästhetik aus – weit entfernt von Sichtweisen eines rüden Naturalismus oder gar einer frivolen Akzentuierung des Sexuellen.

2012 ist der Grandseigneur der DDR-Aktfotografie im Alter von 86 Jahren gestorben. Er hat Kunstwerke hinterlassen, die geprägt sind von Sensibilität, Respekt und einer tiefen Sehnsucht nach dem Ideal von Schönheit und Harmonie. Dabei ging es ihm um die Ästhetisierung des weiblichen Körpers ebenso wie um die Formulierung des Selbstverständnisses der emanzipierten, selbstbewussten jungen Frau in der zweiten Hälfte des 20. Jahrhunderts; damit lag er nahe am ästhetischen Ideal seiner Zeit und avancierte zu einem führenden Vertreter der Kunstfotografie in der DDR.

Günter Rösslers Fotografien waren stets etwas Besonderes und in DDR-Zeiten heiß begehrt; manche „Magazine" wurden nur im Verborgenen gehandelt. Sein ehemaliges Model Renate Stephan führt heute eine Modeboutique in Berlin. Ihr Modelgewicht von 1969, fünfzig Kilogramm bei 1,70 Meter, hat sie bis heute gehalten.

93 WILDER OSTEN
Erste Schallplatte der Klaus Renft Combo, 1973

Sie galten als wild, versoffen, ungepflegt. Was die sechs langhaarigen Anarchos pflegten, war ihr Image. Es entsprach so gar nicht bürgerlichen Vorstellungen von musizierenden jungen Männern – und erst recht nicht realsozialistischen. Trotzdem oder gerade deshalb fand die erste Schallplatte der Leipziger „Klaus Renft Combo" reißenden Absatz. Sie erschien 1973 bei AMIGA und wurde in sechsstelliger Zahl verkauft. Heute würde die Band dafür eine Goldene Schallplatte bekommen und hätte für eine Weile ausgesorgt. Damals gab es vor allem die Begeisterung der Fans für den kräftigen, bodenständigen Sound und die vom Folk inspirierten Songs, vor allem aber für die eindeutig zweideutigen Texte. Die DDR-Behörden waren in Habachtstellung.

Klaus Renft, der eigentlich Klaus Jentzsch hieß, sich aber den Mädchennamen seiner Mutter als Künstlernamen zugelegt hatte, war kein unbeschriebenes Blatt. Bereits mit sechzehn Jahren, 1958, hatte er eine Band gegründet, die seinen Namen trug. Die Combo interpretierte Songs von internationalen Rockbands, spielte aber auch eigene Musik mit kritischen Texten zu den bestehenden Lebensverhältnissen. Vier Jahre später gab es das erste Auftrittsverbot. 1964 gründete Renft die „Butlers" – doch nur ein Jahr später wurde auch dieser populären Band, ebenso wie 44 anderen Leipziger Beatgruppen, das öffentliche Auftreten untersagt. Es herrschte kulturpolitische Eiszeit: Die bislang in der DDR tolerierte Beat-Musik galt als „westlich dekadent", ihre Anhänger wurden jetzt als Gammler und Rowdies diffamiert. Damals hieß es, dass in der Leipziger SED-Bezirksleitung die „größten Betonschädel" sitzen würden. Aus Protest gegen das Verbot versammelten sich am 31. Oktober 1965 auf dem Wilhelm-Leuschner-Platz über tausend junge Menschen zu einer Demonstration. Sie wurde von der Polizei mit Wasserwerfern aufgelöst. Hunderte Jugendliche wurden verhaftet oder zur Bewährung in den Braunkohlentagebau geschickt.

Während der kurzzeitigen Tauwetterperiode in der DDR-Kulturpolitik Anfang der 1970er Jahre durfte die „Klaus Renft Combo" wieder Konzerte geben und endlich zwei Platten aufnehmen. Bereits auf dem Debütalbum wurden eigene Songs nach Texten von Kurt Demmler und Bandmitglied Gerulf Pannach veröffentlicht, darunter Stücke wie „Wer die Rose ehrt" oder „Lied auf den Weg". Spröde Sehnsuchtslyrik made in GDR: „Wir werden bald / all das erreichen erringen / wovon wir heute nur singen ... denn uns gehören die zeiten / die kommen die wir begleiten." Die Aussagen zwischen den Zeilen wurden zunehmend politischer, die Kritik am System schärfer. 1975 gab es das endgültige Aus für „Renft", wie sich die Gruppe nun nannte. Sie wurde von den Behörden als „nicht mehr existent" bezeichnet. Noch im gleichen Jahr reiste Klaus Renft nach West-Berlin aus.

Als die Mauer fiel, kehrte er in den Osten zurück und trommelte seine ehemaligen Bandmitglieder zusammen. „Renft" tourte noch einmal durch die noch bestehende DDR. Heute braucht man Glück, um die originale erste Schallplatte der „Klaus Renft Combo" noch irgendwo aufzutreiben. Dem Stadtgeschichtlichen Museum gelang das 2011 auf Ebay – für günstige 47 Euro.

94 KARL GEGEN KIRCHE

Modell zum Relief „Aufbruch", Frank Ruddigkeit, Klaus Schwabe und Rolf Kuhrt, 1974

Ein Gipsrelief im Maßstab 1:10, unbeschriftet. Eine bewegte Oberfläche, aus der neugierige junge Menschen hervordrängen. Ein übergroßer Kopf des kommunistischen Philosophen Karl Marx blickt versonnen lächelnd in die Ferne. Das gesamte Bild ist frohe Ernsthaftigkeit und Tatkraft. „Karl Marx – das revolutionäre und weltverändernde Wesen seiner Lehre" oder einfach nur „Aufbruch" ist sein offizieller Titel. In Bronze ausgeführt, dominierte der vierzehn Meter breite, sieben Meter hohe und drei Meter tiefe Koloss von 1974 bis 2006 den Eingang in das sonst schmucklose Hauptgebäude der Universität. Am Augustusplatz, dem damaligen Karl-Marx-Platz, war die Hochschule seit 1968 neu errichtet und sozialistisch organisiert worden.

Die leicht lesbare Gestaltung vermittelte, dass auf den Denkgebäuden von Marx und Lenin eine strahlende und sichere Zukunft entstehen würde. Gut sichtbar am breiten Gebäuderiegel des großen Platzes verkündete es den Sieg des Sozialismus. Und doch ist das Original seit 2008 auf dem Campus Jahnallee der Universität eher versteckt aufgestellt. Denn nach dem Scheitern der DDR ist das Gebäude am Augustusplatz zum größten Teil inzwischen selbst Geschichte, war es doch auf Willkür gebaut, anstelle der mittelalterlichen und kaum kriegszerstörten Universitätskirche und des Augusteums. Mit seinen Grabmälern und Kunstwerken bildete St. Pauli das traditionsreiche Zentrum der Hochschule, war trotz der kirchenfeindlichen Politik der DDR ein touristischer Anziehungspunkt und nicht nur für die katholische Gemeinde ein wichtiges Zentrum des geistlichen Lebens. Die Kirche als lebendiger Ort passte jedoch nicht in das Bild, das sich die SED-Führung unter Walter Ulbricht und örtliche Funktionäre von einer modernen Hochschule machten. Diese war bereits 1953 nach Karl Marx benannt worden. Statt Kirche und kaiserzeitlicher Universität waren moderne Bauten an einem zentralen Platz für die geplante sozialistische Stadt vorgesehen.

Die Öffentlichkeit informierte man nur vage, Andersdenkende wurden eingeschüchtert. Mitte Mai 1968 beschloss das Politbüro der SED den schonungslosen Neubau und damit den raschen Abriss der gotischen Kirche und ließ diesen von Stadt und Universitätsleitung abnicken. Oberbürgermeister Kurt Kresse betonte, die Universitätskirche sei künstlerisch nicht wertvoll genug, um erhalten zu werden. Dann ging alles sehr schnell. Nach einem letzten Gottesdienst zu Christi Himmelfahrt wurde die Kirche für die Gemeinde und die Öffentlichkeit gesperrt und durch Polizei und Staatssicherheit bewacht. In hektischen Aktionen entnahm man nur die beweglichen älteren Kunstwerke sowie Orgelteile aus der Kirche und dem Augusteum und brachte sie notdürftig unter. Bereits am 30. Mai wurde gesprengt, und im Herbst wurde der Grundstein für den Neubau gelegt.

Das Relief „Aufbruch" fand seinen Platz 1974 just an der früheren Schauseite der Kirche und zeigte schon damit den Symbolwert des Ortes. Nach langen Debatten wurde es beim erneuten Umbau der Universität wieder entfernt. Das Bildwerk ist nicht nur ein Zeichen für den propagierten Aufbruch in eine neue Zeit, sondern auch für deren Scheitern 1989.

95 | AUGENMUSIK

Orchester, Entwurf 1 : 9 zum Deckengemälde im Leipziger Gewandhaus, Sighard Gille, 1979/80

Nähert sich der Konzertbesucher dem Leipziger Gewandhaus am Augustusplatz in der Dunkelheit, strahlt ihm schon von Weitem das hell erleuchtete Innere durch die Glasfassade entgegen. Dabei fesselt das Deckengemälde besonders den Blick, das auch von außen gut sichtbar ist, verteilt auf vier Deckenschrägen und 712 Quadratmeter groß. Hat man das Gebäude betreten, erschließen sich erst bei genauerem Hinsehen die Dimension und die überbordende Detailfülle dieses Werkes. Es stammt von dem Leipziger Maler Sighard Gille und trägt den Titel „Gesang vom Leben". Gille realisierte es noch während der Bauzeit des Gebäudes unter größtem Zeitdruck und schwierigen Arbeitsbedingungen von Oktober 1980 bis September 1981. Einige der Vorentwürfe haben ihren Weg ins Museum gefunden.
Inspiriert ist das Gemälde von Gustav Mahlers sinfonischem Liederzyklus „Das Lied von der Erde". Im Zentrum steht das Orchester, die anderen Teile tragen die Titel „Mächte der Finsternis", „Lied der Stadt" und „Lied vom Glück". Der Künstler selbst hat die Inhalte einmal so zusammengefasst: „Das Bild handelt von der Schöpferkraft des Menschen, der Bedrohung des Lebens, der Vielfalt des Alltags und der Sehnsucht nach Harmonie, Liebe und Glück."
Am Original zu entdecken sind neben vielen Details auch einige Porträts berühmter Musiker, zum Beispiel das von Gustav Mahler. Über die Frage, ob in der Figur des Dirigenten ein Porträt des Kapellmeisters Kurt Masur zu sehen ist, wurde viel diskutiert, sie bleibt aber offen. Kurt Masurs Einfluss ist es maßgeblich zu verdanken, dass es zu dem Bau kam, dem einzigen Neubau eines Konzertgebäudes dieser Größenordnung in der DDR überhaupt. Besonders seine Akustik wird bis heute gelobt.
Mit der Einweihung 1981 ging auch eine Zeit jahrzehntelanger Provisorien für das Orchester zu Ende. Seit der Zerstörung des alten Konzertgebäudes an der Beethovenstraße im Bombenhagel des Jahres 1944 hatte es unter anderem in der Kongresshalle am Zoo gespielt.
Aber auch das zerstörte Gebäude, erbaut 1884, war nicht das ursprüngliche Gewandhaus. Das Erste befand sich in der Universitätsstraße, und von diesem stammt der Name „Gewandhaus": In dem Gebäude befand sich ursprünglich die Gewerbehalle der Tuchhändler. Hier war 1781 durch bürgerschaftliche Initiative ein Konzertsaal eingerichtet worden. Heute befindet sich an der Stelle das Städtische Kaufhaus.
Aber zurück zum „Gesang vom Leben" im heutigen Gewandhaus und seinem Schöpfer, dem Maler Sighard Gille. Gille war Schüler von Bernhard Heisig an der Leipziger Hochschule für Grafik und Buchkunst und gehört damit zur zweiten Generation der „Leipziger Schule" der Malerei. Wie Heisig ist auch Gille ein Vertreter eines malerisch-expressiven Realismus innerhalb dieser an Namen und Strömungen reichen Kunstszene. Und wie sein Lehrer unterrichtete auch Gille an der Leipziger Hochschule und bildete dort Künstler der dritten Generation aus, die unter dem Etikett „Neue Leipziger Schule" seit Jahren eine feste Größe auf dem internationalen Kunstmarkt sind.

96 MACHT HOCH DIE TÜR
Schild „Nikolaikirche offen für alle", 1986

Woran kann man eine evangelische von einer katholischen Kirche unterscheiden? Die katholische Kirche ist offen – zumindest meistens. Die offenste aller Leipziger Kirchen aber ist evangelisch: St. Nikolai, Nikolaikirchhof 3. Wie kam es dazu? Die Profile der beiden großen Stadtkirchen St. Thomas und St. Nikolai differenzierten sich in den 1980er Jahren erkennbar. Während die Thomaskirche der weltbekannte Ort der Bachpflege war und ist, öffnete sich die Nikolaikirche stärker für die gesellschaftlichen Fragen der Zeit.

Angesichts der zunehmenden atomaren Hochrüstung auf beiden Seiten des Eisernen Vorhangs ab 1979 rief die Jugendarbeit der evangelischen Kirchen in Ost- und Westdeutschland 1980 erstmals zu der von da an jährlich stattfindenden Friedensdekade auf. Zehn Tage im November mit Abschluss am Buß- und Bettag sollten dem Engagement für den Frieden, der Diskussion über friedensethische und politische Fragestellungen und dem Gebet für den Frieden gewidmet sein. 1980 wurde das Bibelzitat „Schwerter zu Pflugscharen" zum Symbol der Friedensdekade. Doch zehn Tage reichten nicht aus für die Friedensmission. Aus den jährlichen Friedensdekaden entwickelte sich ab September 1982 das wöchentliche Friedensgebet in der Nikolaikirche. Die immer montags stattfindenden Friedensgebete entwickelten im Laufe der Jahre zunehmend eine Eigendynamik und zogen immer mehr Menschen an. Ab 1986 weisen unübersehbare Schilder an der Kirche auf das neue Selbstverständnis hin: „Nikolaikirche offen für alle". Eine Einladung, die von allen verstanden wurde.

Pfarrer Christian Führer beschrieb die Situation wie folgt: „‚Nikolaikirche offen für alle' war zu einer Wirklichkeit geworden, die uns alle überraschte. Sie vereinte schließlich Menschen aus dem ganzen Gebiet der ehemaligen DDR: Ausreisewillige und Neugierige, Regimekritiker und Stasileute, kirchliche Mitarbeiterinnen und SED-Genossen, Christen und Nichtchristen unter den ausgebreiteten Armen des gekreuzigten und auferstandenen Jesus Christus. Sich das vorzustellen, reichte angesichts der politischen Realität zwischen 1949 und 1989 die Phantasie nicht aus." Der Verlauf der Ereignisse hin zur Friedlichen Revolution im Herbst 1989 wäre ohne die geöffneten Kirchentüren von St. Nikolai nicht denkbar gewesen.

Und was wurde aus dem Hinweisschild „Nikolaikirche offen für alle"? Die schlichte Konstruktion aus Holz und Faserplatten war in die Jahre gekommen und musste ausgetauscht werden. Durch eine Schenkung der Kirchgemeinde ist das Schild in den Besitz des Stadtgeschichtlichen Museums Leipzig gekommen. Heute weisen moderne Kunststoffschilder mit nachempfundener Typografie den Besucher der Stadt auf einen Ort hin, an dem europäische Geschichte geschrieben wurde.

97 HOCH, HÖHER, OLYMPIA!

Modell Olympiapark für die Olympischen Spiele Leipzig 2012,
Peter Eisenman, 2002

Samstag, 12. April 2003, mittags. Tausende Menschen drängen sich auf dem Leipziger Markt, keiner will *die* Entscheidung verpassen. Endlich, 16.38 Uhr: Auf dem Großbildschirm verkündet Bundeskanzler Gerhard Schröder: „Das Ergebnis heißt – Leipzig!". Explosionsartig wandelt sich die Anspannung in Jubel, die Stadt befindet sich im kollektiven Freudentaumel. Leipzig hat es geschafft! Die Vision, 2012 Gastgeber für Olympische Spiele und Paralympics zu sein, ist greifbar geworden.

Olympische Pläne an der Pleiße gibt es bereits seit 1896. Damals sollte es – als Gegenpart zu den ersten Olympischen Spielen der Neuzeit – ein „deutsch-nationales Olympia" sein. Doch die dafür geplante Großkampfbahn am künftigen Völkerschlachtdenkmal wurde nie gebaut. Nach 1945 dachte man beim Bau des Sportforums erstmals in olympischen Dimensionen. 1989 kündigte DDR-Staatschef Erich Honecker eine Bewerbung Leipzigs für 2004 an – das utopische Ansinnen erledigte sich mit der Friedlichen Revolution.

Ab 1990 legte Leipzig ein atemberaubendes Tempo in seiner Entwicklung vor. Zehn Jahre nach der Wiedervereinigung wagte man mit dem „Projekt Olympia" scheinbar Unmögliches. Neben Leipzig traten Düsseldorf, Frankfurt, Hamburg und Stuttgart zum Wettkampf um den deutschen Bewerber an. Die Zahl der Unterstützer für Leipzig aus allen Bereichen der Gesellschaft, aus dem In- und Ausland wuchs. Einer der Prominentesten war Stararchitekt Peter Eisenman aus New York. Er stellte im Entwurf für den Olympiapark das Thema Brücken in den Mittelpunkt – gebaut über das Elsterflutbecken, um Ost- und Westteil des Sportforums zu verbinden sowie symbolisch als Verbindung zwischen Menschen, Staaten, Religionen.

Das Olympiastadion westlich vom Zentralstadion wirkt durch unterschiedliche Höhen und Segmentierung schwungvoll und luftig. Die Modulbauweise sollte eine nachhaltige Nutzung ermöglichen, auch andernorts und in Teilen. Für Eisenman war Leipzig die Brücke zu Osteuropa, der Schlüssel, um neue Türen zwischen West und Ost zu öffnen. Das mag ihn an der Bewerbung des Außenseiters gereizt haben. Seine Arbeit wurde ein tragender Baustein des Konzepts, sowohl in der Ausstellung „Olympische Visionen auf dem Weg zur Realität" als auch bei der Präsentation der deutschen Bewerberstädte vor dem Nationalen Olympischen Komitee am 12. April 2003.

Trotz sorgfältig durchdachter Pläne endete der Olympiatraum bereits am 18. Mai 2004, als das International Olympic Committee über die „Candidate Cities" entschied. Paris, Madrid, London, New York und Moskau blieben im Rennen. Bei der großen Mannschaft, die für Olympia in Leipzig gekämpft hatte, war die Enttäuschung riesig. Offenbar war die Zeit nicht reif für ein alternatives Konzept zum wachsenden Gigantismus Olympischer Spiele.

Die Bewerbung zeichnete indes markante Spuren in die Stadt: im Straßen- und Verkehrswegebau, am Lindenauer Hafen für das olympische Dorf, auf der Nordanlage mit der Trainingshalle sowie in Markkleeberg mit dem Wildwasser-Kanupark. Und sie hinterlässt die Gewissheit, dass eine gemeinsame Vision Menschen einen und sie zu „olympischen" Leistungen für die Zukunft ihrer Stadt in Bewegung setzen kann.

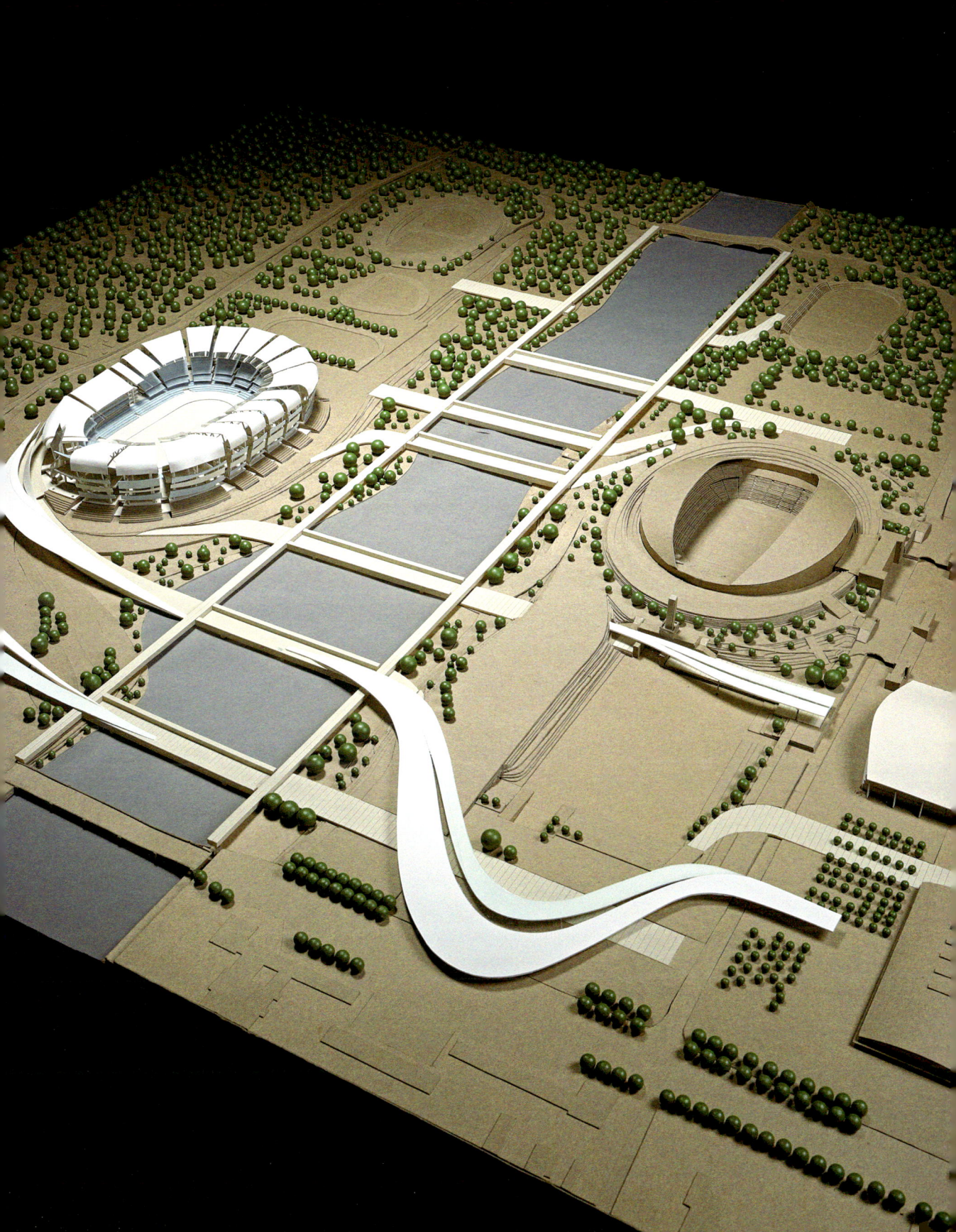

98 DURCHBRUCH
Rollenmeißel, 2007/08

Nach „nur" zehnjähriger Bauzeit konnte am 14. Dezember 2013 der Citytunnel feierlich eingeweiht werden. Im Vergleich dazu: Der Bau des Hauptbahnhofes mit seinen umfangreichen Gleisanlagen im Vorfeld dauerte fünf Jahre.

Die Idee zum unterirdischen S-Bahn-Verkehr in der Leipziger Innenstadt reicht bis in das Jahr 1892 zurück. Die isolierte Lage des Bayerischen Bahnhofes verlangte nach einer Gleisverbindung, die im Stadtgebiet als unterirdische Trasse verlaufen sollte.

Mit dem 1909 begonnenen und 135 Millionen Mark teuren Bahnhofsbau wurde auch der Tunnel auf dem Areal des Hauptbahnhofes errichtet. Der Tunnel endete jedoch rund 8,5 Meter vor dem Hauptbahnhof und wurde trotz der Einweihung des größten Kopfbahnhofes Europas am 4. Dezember 1915 nie fertig gestellt. Fast neunzig Jahre später: Nach einem langwierigen Planungs- und Genehmigungsprozess begannen die Bauarbeiten für den Leipziger Citytunnel am 9. Juli 2003. Bei der Bauausführung waren schwierige geologische Probleme zu meistern. Dazu gehörten ein hoher Grundwasserstand und gelegentlich anzutreffende Findlinge. Selbst mit Braunkohle musste gerechnet werden. Die beiden eingleisigen und jeweils 1438 Meter langen Tunnelröhren zwischen den Stationen Bayerischer Bahnhof und Hauptbahnhof wurden im Schildvortriebsverfahren mit Hilfe einer großen Tunnelbohrmaschine hergestellt. Teil dieser Maschine ist der hier gezeigte Rollenmeißel. Der Meißel gehörte zum Bohrkopf der Tunnelbohrmaschine Leonie. Leonie war 65 Meter lang und hundert Tonnen schwer. Das Schneidrad dieser Maschine bestand aus verschiedenen Einrichtungen und wurde von acht Elektromotoren mit einer Leistung von 880 Kilowatt angetrieben, es besaß 42 Rollenmeißel, 176 Schälmesser und sechzehn Räumer.

Vor allem für festere Gesteine werden die Rollenmeißel benötigt. Diese können aufgrund ihrer Form großen punktförmigen Druck ausüben und somit wie ein Meißel das Gestein herausspalten. Um auf eventuelle Hindernisse reagieren zu können, ist die Tunnelbohrmaschine mit einem seismischen Vorerkundungssystem ausgestattet. Dieses ermöglicht es, den Boden vor dem Bohrer zu scannen und die Dichte des Bodens messtechnisch zu erfassen. Dies kann bis zu vierzig Meter im Voraus erfolgen.

Zwischen den Stationen des Citytunnels vom Bayerischen Bahnhof zum Hauptbahnhof wurden die Tunnel nicht in offener, sondern in geschlossener Bauweise mit Hilfe der Tunnelbohrmaschine aufgefahren. Insgesamt wurde eine zwischen den Stationen liegende Tunnellänge von 2 x 1470 Metern erstellt. Die Baukosten betrugen letztlich zirka 960 Millionen Euro.

Heute ist der Tunnel bereits ein selbstverständlicher Verkehrsweg. Es werden täglich etwa 50 000 Fahrgäste im mitteldeutschen S-Bahn-Netz gezählt. Zu den noch zu lösenden Problemen gehören Graffitischäden, defekte Rolltreppen und die mangelnde Kapazität zur Mitnahme von Fahrrädern. Ob die hochgesteckten wirtschaftlichen Erwartungen der Betreiber langfristig erfüllt werden, muss die Zukunft zeigen.

99 SCHWARZ UND BUNT
Stiefel, um 2009

Seit Jahren rund um das Pfingstwochenende das gleiche Bild in Leipzig: umtriebige Szenen auf dem Hauptbahnhof, ausgebuchte Hotels und Pensionen, gerammelt volle Straßenbahnen – und vor allem eine sicht- und hörbare Vielfalt auf den Straßen und an den Veranstaltungsorten Leipzigs. An vier Tagen bevölkern etwa zwanzigtausend Anhänger der Schwarzen und Alternativen Szene die Stadt während des Wave-Gotik-Treffens.

Das Ganze begann 1992 noch recht überschaubar. In jenem Jahr trafen sich im Connewitzer „Eiskeller" knapp zweitausend Gleichgesinnte, damals in der Öffentlichkeit noch als „Grufties" bespöttelt. Neben der düster angehauchten, melancholisch geprägten Musik war auch damals schon die schwarze Selbstinszenierung, die Mode mit morbidem Charme, ein gemeinsames Merkmal der Teilnehmer.

Sie liebten das schaurige Event: Von Jahr zu Jahr wuchs in Leipzig die Zahl der Besucher und Konzerte. Die Veranstalter wechselten, und um die Jahrtausendwende herum stand das Treffen kurz vor dem Aus. Doch das Festival und die extravaganten „Nachtgestalten" kehrten immer wieder. Das agra-Gelände in Markkleeberg, auf dem zu DDR-Zeiten Landwirtschaftsausstellungen stattfanden, ist seit langer Zeit das Zentrum des Festivals. Heute zählen aber selbst Museen, Theater, Kirchen, das Völkerschlachtdenkmal sowie der Clara-Zetkin-Park mit dem legendären Viktorianischen Picknick dazu. Das ist auch das Besondere und Einmalige an diesem Kultur- und Musikfestival: Es ist nicht an einen Ort gebunden, die Wave- und Gothic-Jünger durchstreifen die ganze Stadt.

Das Leipziger Wave-Gotik-Treffen zählt zu den größten Veranstaltungen dieser Art weltweit, besucht von Gästen aus allen Kontinenten. Es herrscht keine uniformierte Szene, sondern ein fantasievoller Individualismus – je ausgefallener das Outfit, desto besser, ob bei den Gothics, Steampunks, japanischen Visual-Kei-, Fetisch- oder Neofolkanhängern.

Ein typisches und bis heute beliebtes Accessoire stellt dieses Paar 54 Zentimeter hoher, schwarzer Lackstiefel dar, das als Geschenk eines am Brühl ansässigen Szeneladens im Jahr 2009 in das Stadtgeschichtliche Museum kam. Das ausgiebig mit Schnallen verzierte Schuhwerk des amerikanischen Herstellers Demonia, Modell Stack-308, hat beeindruckende Dimensionen und erfordert gewiss etwas Gleichgewichtssinn beim Tragen: Die Plateausohle hat vorn eine Höhe von zwölf und hinten sogar von knapp achtzehn Zentimetern. Gesund für die Füße ist das sicher nicht. Ein optischer Hingucker ist das Stiefelpaar allemal und zu Pfingsten in Leipzig häufig anzutreffen.

Und die Einheimischen? In den ersten Jahren war den meisten Leipzigern das Ganze im wahrsten Sinne des Wortes unheimlich: düstere Klänge und süßlich schwer nach der indischen Pflanze Patschuli riechende Gestalten, die angeblich in Särgen nächtigten und schrägen Ritualen nachgingen. Heute sieht es anders aus: Vorurteile wurden abgebaut, und das bunte Treiben der „Schwarzen" wird toleriert. Zudem hat sich das Festival zu einem wichtigen Wirtschaftsfaktor entwickelt. So wird nicht nur bewundert und fotografiert, sondern gern auch kassiert.

100 MADE IN LEIPZIG!
Modell 1 : 64 BMW i3, 2013

Mit dem Start der Serienproduktion des BMW i3 in Leipzig wurde im Jahr 2013 eine neue Ära in der Leipziger Automobilbaugeschichte eingeläutet. Seitdem begegnen wir immer häufiger diesem auf den ersten Blick zwar klassisch anmutenden, im Kern jedoch visionären Elektrofahrzeug, das den Weg der menschlichen Mobilität im 21. Jahrhundert weist.

Nicht nur BMW, sondern auch Porsche produziert seit 2002 in Leipzig Autos. Mehr als achttausend Menschen haben dauerhaft Arbeit in den beiden Autowerken, 300 000 neue Autos verlassen jährlich die Fabrikhallen – Tendenz steigend. Die Ansiedlung der beiden Werke war und ist ein zentraler Motor der wirtschaftlichen Entwicklung Leipzigs.

Doch zurück zum i3. Konsequent wurde bei BMW auf Reduzierung des Ressourcenverbrauchs und Minimierung des Schadstoffausstoßes gesetzt. Beide Ziele sollten aber nicht nur beim Fahren selbst, sondern bereits während des Produktionsprozesses erreicht werden. Ein Schlüsselfaktor dazu ist innovativer Leichtbau mit Carbon, wie es ihn in der Großserienproduktion noch nie gegeben hat. Durch hochmoderne und intelligente Verfahren wird zudem die Umweltbelastung während der Produktion so gering wie möglich gehalten; es gilt zum Beispiel, den Energie- und Wasserverbrauch zu senken, Lösungsmittel-Immissionen zu verringern sowie eine auf Wiederverwertung setzende Abfall-Aufbereitung zu organisieren. Am Ende steht ein Automobil, das neue Maßstäbe definiert, weil die Umweltbelastung über den gesamten Lebenszyklus inklusive Produktion, Nutzungsdauer und Recycling um bis zu fünfzig Prozent reduziert werden kann.

Der Leipziger BMW i3 steht beispielhaft für die Zukunft unserer Auto-Mobilität, denn den Konstrukteuren sind Antworten auf die drängenden gesellschaftlichen, ökologischen und ökonomischen Fragen unserer Zeit gelungen. Auf technologischem Niveau spielt Leipzig heute wieder ganz vorne mit; das tut gut und zeigt Perspektiven auf für eine Stadt, deren Credo es seit den frühesten Anfängen vor mehr als tausend Jahren stets gewesen ist, Altes zu überwinden und Neues zu wagen. Auch wenn die potentiellen Porsche- und BMW-Elektroflitzerfahrer in Leipzig derzeit noch dünn gesät sein dürften: Unsere automobile Zukunft hat gerade erst begonnen – und Leipzig ist dabei!

AUTOREN

Autor	Textnummern
Ulrike Dura	2, 6, 9, 15, 21, 24, 33, 34, 55, 81, 95
Cornelia Gruhn	20, 59, 90
Dr. Maike Günther	1, 3, 4, 5, 7, 8, 11, 12, 13, 16, 30
Christoph Kaufmann	64, 71, 84, 86, 96, 98
Karin Kühling	65, 80, 83
Marko Kuhn	17, 19, 26, 29, 36, 46, 68, 78, 99
Nora Langensiepen	41, 49, 50, 60
Wolfgang Metz	35, 38, 45, 48, 52, 69, 97
Steffen Poser	18, 23, 25, 27, 39, 42, 43, 44, 57, 63, 75, 79
Ann-Kathrin Reichenbach	10, 14, 22, 37, 82
Dr. Volker Rodekamp	28, 51, 92, 100
Dr. Gerlinde Rohr	58, 76, 77, 88, 97
Dr. Johanna Sänger	53, 54, 62, 66, 72, 85, 87, 89, 94
Kerstin Sieblist	32, 40, 47, 56, 61, 67, 70, 74, 91, 93
Michael Volosinovszki	31, 73

Bei folgenden Objekten handelt es sich um Dauerleihgaben:
7 Kanne – Naturkundemuseum Leipzig
9 Thomasleuchter – Ev.-Luth. Kirchgemeinde St. Thomas